「恋愛地獄」、
「婚活疲れ」とはもうサヨナラ!
“最後の恋”を
“最高の結婚”にする

魔法の「メス力《りょく》」

Feminine Magic
for a Happy Marriage

Meri Kanzaki
神崎メリ

Feminine Magic

Preface

はじめに

アナタは今、こんなことで悩んでいませんか？

「いつになったら私は幸せになれるのかな」

「私から好きになった人とは絶対にうまくいかない！」

「婚活しても、出会うのはありえない男ばっかり」

「これから先の長い人生、私は一人ぼっちで生きていくしかないの……？」

いつも泣かされる恋愛ばかりで、婚活しても生理的にムリな男しかいない。もういっそすべてを投げ出したくなる！　そんな自分を尻目に、彼氏とトントン拍子で結婚する友達（ぶっちゃけ私よりかわいいとは思えないのに……）。

幸せをガシッと掴む女と、いつまでも迷走する女の違いは、なんでしょうか？

これまでの人生でたくさん恋愛につまずいてきた私は、この違いをとことん追求して「恋愛がうまくいく法則」を見つけだしました。

幼い頃に両親が離婚した私は、女手ひとつで育てられました。母は毎日働きづめ。そのため私はほぼ放置されて育ちました。当時、田舎ではまだ母子家庭がめずらしかったので、それだけでも私はイジメの対象になりました。その上、勉強も運動もびっくりするほど苦手だったのです。

まわりの大人たちに「あの子は陰がある」と言われるほど、暗く卑屈な性格のいじめられっ子だった私は、自分を愛する力を育くむことのできない、超絶ネガティブな子として育ちました（のちに知るのですが、これこそが不幸癖のはじまりなのでした）。

しかし思春期になると、そんな私にも恋の季節が到来します。

一人の男の子に熱心にアプローチをされた私は、めでたくお付き合いを開始することに！　最初の頃は超ラブラブで毎日ハッピーでした。

ところがしばらくすると、私は「この幸せが壊れたらどうしよう」という不安に襲われるようになっていきました。そして、不安な気持ちを感情的に彼にぶつけてしまうようになったのです。

「ホントは他の女と連絡取ってるんじゃないの⁉」

「怪しい。携帯見せてよ！」

大した経験もないくせに「女の勘」で言いがかりをつけて束縛してしまったり、自分の感情のままにふるまって、相手を振り回したり…。

そのうち彼は最初の頃のように私を大切にしてくれなくなりました。彼は恋愛だけでなく、仕事への意欲までもが消えてしまっているように見えました。

「一緒にいても、無気力でつまらない……」そんな彼に嫌気がさした私は、5年の交際にピリオドを打つことにしたのです。

その後も恋愛はまったくうまくいきませんでした。最初は超ラブラブ→大切にされて幸せ→この幸せが壊れたらどうしようと不安になる→不安から束縛→無気力男になってつまらない→破局というパターンの恋愛を繰り返しているうちに、二十代中盤になっていました。

「このままじゃ私、結婚できない！　次は自分が尽くして幸せにしよう‼」と心を改めたのですが、これが新たな失敗のはじまりだったのです。

次の彼氏にはワガママも一切言わずに我慢しました。とにかくすべてにおいて彼中心の生活を送っていたのです。それまでの恋愛では彼に尽くされる側だった私にとって、尽くすことはとても新鮮で、正直そんな自分に酔っていました。

その結果、無事に結婚することができました。しかし、尽くせば尽くすほど冷たくされ、夫と心はどんどんすれ違っていきました。結局、私も感情を爆発させてしまうことが増え、関係は悪化。

毎晩「こんなはずじゃなかったのに……」と一人で苦しんでいました。

そして、ついに離婚することになってしまったのです。離婚してしばらくは失意のどん底に落ちていましたが、ある時「**やっぱり私は幸せになりたい！　どこかに、かならず秘訣があるはず!!**」と私の心は幸せになることへの執念でメラメラと燃えはじめたのです。

それからは世界中のあらゆる恋愛の本を読み、たくさんの幸せなご夫婦や円満カップルを徹底的に観察。数年間、一日中男心について考えていました。

「自分が主導権を握っている恋愛だと、なぜうまくいくのか？」

「どうしてラブラブは続かず、手抜きされてしまうのか？」

「尽くすと、なぜ男はアグラをかいてしまうのか？」

そうして考え抜いた結果、意味不明でナゾに包まれていた、男心がはっきりと見えてくるようになったのです！

その後、私は再婚。妊娠、出産を経た今でも、夫とケンカをすることは滅多にありません。イクメンで「美味しそうに食べる顔が好きだから」と毎晩夕飯を作ってくれる夫と心穏やかに過ごし「やっぱりこの法則は確かなんだな！」と日々実感しています。

「男性に大切にされるには、ふるまい方と、恋人の選び方に法則があった！」

私はこの法則を「メス力《りょく》」と名付け、過去の私のように恋愛に悩み、泣いている女性たちに向け、ブログやインスタグラムで発信することにしました。

すると、毎日たくさんの反響が！

「目が覚めました！　今の浮気男を断捨離します!!」

「メス力を高めてトントン拍子に結婚できました」

「自分の恋愛がうまくいかない理由が、ハッキリ分かりました！」

全国の恋に悩める女性たちから、たくさんのコメントが寄せられるようになったのです！


本書には、私がこれまでに恋愛で学んだうまくいく方法をすべて書きました。

Chapter1は「ど本命になるためのメス力」。男性の本気度の見極め方と、男性から恋される確率を上げる簡単なキッカケづくりについて書いています。

Chapter2は「頼り上手で感謝上手になるメス力」。男心を掴むふるまい方や、デートで女性がやりがちな失敗と正解のふるまい方について書いています。

Chapter3は「感情に振り回される女を卒業するメス力」。不安や嫉妬心に振り回されて自ら関係を壊してしまう女性向けに、自分の感情のトリセツについて書いています（感情を制すものが恋愛を制すのです）。

Chapter4は「カラダを許す相手のタイミングと見極め方」。ブログで限定公開した人気コンテンツを特別に掲載しています。

Chapter5は「復縁・片想い成就のメス力」。復縁のしかた、片思いの成就させ方を男心に寄り添いながら「彼を恋に（再び）落とす方法」として説明しています。

Chapter6は「婚活の心得メス力」。婚活で人気のあるエリート男性が最後に選ぶ女性の分析や、マッチングアプリから始まる恋についての注意点と成功法について書いています。

全体を通して、男性に媚びたりすがったりすることなく、アナタのよさを最大限に引きだし、男性が本来もっている、「たった1人の女のヒーローでありたい」という「ど本命本能」に火を付けることができる法則をレクチャーした本です。

時には「そのおクズ様は断捨離よ！」など、アナタの親友でも言えないようなきびしい意見が飛び出すかもしれません。でも、その中にはアナタの悩みを解決するためのヒントが、必ずあるはずです！

さぁ、最後の恋を最高の結婚にしたい！　と願う女性たちよ！
「メス力」という魔法を使って辛いだけの恋愛地獄や、終わりの見えない婚活疲れとは、もうサヨナラです!!

涙は拭いて、前を向いて!!
とっとと幸せになりましょう!!

ブックデザイン　藤崎キョーコ
校正　東京出版サービスセンター
編集協力　春見優香
著者エージェント　アップルシード・エージェンシー

Feminine Magic *for a Happy Marriage*

Contents

Chapter 3

感情に振り回される女を卒業する「メス力」

Chapter 4

カラダを許す相手とタイミングを見極める「メス力」

Chapter 5

復縁・片想い成就の「メス力」

Chapter 6

婚活の心得「メス力」

愛される最高の結婚を叶える「メス力」

皆さま「メス力」と聞くと、どんなイメージが湧くでしょうか?

「なんだかちょっと〝18禁〟なイメージ」、「肉食系のハンター女子?」

……はい、誤解です!


まず、モテると言われている「女子力」をイメージしてみてください。

キラキラネイルにふんわりファッション。料理教室に通っていて、ピンク色のフィルタがかかったような女の子らしさ♪　これって実は女性の自己満の世界観ってお気づきでしょうか？

メディアが発信する「モテ女子力」を高めた結果、私たち女性は長いこと恋愛のアプローチを間違えて、自爆し続けてきました……。

例えば「私、お店の予約やっておくよ〜！」とデートで気が利く女を演出し、注文や取り分けを率先してテキパキと仕切る。彼の自宅でせっせと手料理をふるまうことで、（料理上手でステキな奥さんになりそうでしょ？　早くプロポーズしてね‼）と遠回しにプレッシャーをかける。夜遅くの彼からの呼び出しＬＩＮＥに秒速でシャワーを浴び、かわいい下着にさくっと着替え、タクシーをかっ飛ばして逢いにいく。

３６５日プロポーズ待ちバレバレで、男性が追う価値のない女性に、自分からなり下がっていたのです。

これらの間違ったモテテクは男心にグッと響くどころか、「別にこの子に一生懸命になる価値はないな」そう思わせるだけだと知っても、アナタは続けたいと思いますか？

男心を制するものが恋愛を制す！

アナタは男性が何をすれば喜び、何をされると引くのかを真剣に考えたことはありますか？　先ほど書いたように、結婚する前から手料理をふるまう女性は、重たがられます。ＬＩＮＥを即レスして、いつでもウェルカム女をしていたら、すぐに飽きられます。

その理由、しっかりと知りたくありませんか？　それが、男心を理解するということです。

結婚がしたいなら、彼に「結婚したい」と思わせればいい。正しい方法でね

超初歩的な男心について、アナタはこのあたりのことは押さえていますか？

・男性は女性に追われているときよりも、女性を追いかけているときに、きゅんきゅんドキドキします。
・男性はアナタの喜んでいる顔を見ると、エネルギーがみなぎってきます。
・男性はアナタの「愛してる」という言葉より「尊敬してる」の一言に１００倍ハートを撃ち抜かれます。

そして、こういう**男心をくすぐるのがうまい女性**といると、「俺がこの子を幸せにしたい！」と、**勝手に決意**しちゃうものなんです。アナタが必死に彼にすべてを合わせて媚びたり、「結婚してよ！」とキレたり、泣いたりしなくたって、男心を上手にくすぐればいいだけなのです。

恋愛の悩みひとつひとつを解決し、愛される女にバージョンアップできる「メスカ」

恋愛をうまくいかせるにはいくつかポイントがあります。アナタの苦手分野はどれですか？

・実はとっても単純な男心を理解して、男性を正しく愛するための力

・アナタを本気で愛してくれる運命の人「ど本命」を見極める力

・ネガティブな感情にふりまわされて「ど本命クラッシャー」にならないための力

・最初だけラブラブな恋愛を卒業して、長く愛される女性になるための力

・なるべく早く幸せなプロポーズをされるための力

恋愛を成就させて、単なる結婚ではなく、最高に幸せな結婚に結びつけるにはこういった力が問われるのです。そのひとつひとつを「メス力」はサポートし、アナタを恋愛がうまくいく女性としてバージョンアップしていきます。

おめでとうございます！
アナタが知らなかった恋愛必勝法
「メス力」はここにあります

正直な話、ちょいちょいっと隙を見せさえすれば、男性はいくらでも寄ってきます。カラダ目的の男性も大勢……（婚活中の皆さまは、それでうんざりしたことはありませんか？）。

「メス力」とは、そういったフラチな男性をふるいにかけ、男の本音を理解し、でも決して媚びずに「ど本命」として愛される最高の結婚を叶える力のことです。

男心をしっかりと理解し、男性を突き動かしている本能である、狩猟本能や庇護欲にポッと火を付けることで、追いかけて尽くしたあげくに捨てられる、先のない恋愛地獄や、終わりが見えずにアポすらしんどい婚活疲れとはサヨナラして、男性が人生を捧げてまで大切にしたい女「ど本命」に生まれかわる秘訣であり、自分のネガティブな感情をうまくなだめられるコツを身につけて、オトナの女性として一皮むけ、魅力的にふるまえるよう、心をなめらかに整える力です。

小手先のモテテクから卒業し、「メス力」を高め、真の女らしさを手にしてください。

〝最後の彼〟に愛され続ける、「最高の結婚」を、まぐれや占い頼みではなく、アナタのその手で掴みとる、そんな女性に生まれ変わって欲しいのです‼

Feminine Magic

Chapter

1

「ど本命」になるための「メス力」

Feminine
Magic
Words

01

アナタは
男が運命を感じる女
「ど本命」ですか？

愛される女の共通点、それは男性にとって運命の女「ど本命」になることだった

恋愛でいつも彼に振り回されてしまってうまくいかない。婚活でも男性からの扱いがひどくて、「ここまで苦しい思いをしてまで私、結婚したいの？」とひどい自己嫌悪に陥ってしまう。

「私が美人じゃないからなの？」、「私がもう若くないからなの？」、「だったらどうしたらいいの？」、「普通に幸せになりたいだけなのに……」こんな風に、真剣に悩んだことはありませんか？

実はこの悩み、年齢や見た目は関係がありません。**女性が結婚後、ずっと幸せでいるためには見た目や年齢に関係なく、男性側が本気で惚れていることが一番重要なのです！**

ほら、芸能人を思い出してみてください。あの女優さんやタレントさん、美貌がありながらなぜ浮気されたの？　あの芸人さんやスポーツ選手、夫と強い絆で結ばれていて幸せそう……など、必ずしも若くて美しい人だけが幸せである訳で

はないことがわかると思います。

私たち女性は、愛される女と聞くと、すぐに「美貌」や「若さ」または、「料理上手」などを連想してしまいますが、そういったこと以上に、**男心をくすぐるふるまいで男心を掴んで離さない女性が、結婚後も愛され続けているのです。**

「ど本命婚」以外は砂を噛むような結婚生活が待っています

仮にもしアナタが、自分にたいして惚れていない男性と結婚したとしてみましょう。きっとアナタはびっくりするでしょう。旦那というイキモノがこんなにも、思いやりがなく、アナタに生活の面倒なことをすべて押し付け、自分は飲みに行ったり、独身時代と変わらない生活態度で、好き放題することに。

アナタが想像していた、お互いを思いやる、笑いのたえない家庭なんて、何一つ叶わない。それどころか日々恨みの感情はつのっていく……。幸せとはほど遠く、ＳＮＳに夫への不満や怒りを書きつづることでストレス発散するしか逃げ道のないような、つらい結婚生活が待っていることでしょう。

そう、幸せな結婚をする上で、相手のスペックより、収入より、なにより大切なことは、アナタが心底惚れられているかどうかなのです！　多くの女性がこのことに気がつかず、「結婚さえすれば、きっとこの人は変わる」と結婚し、ワンオペ地獄の中で「独身に戻って人生をやり直したい」と後悔するのです。

「ど本命」以外、大切にできない男心を解説！

では、どうしたら間違いのない選択をして、幸せな結婚生活が送れるか解説していきます。まずは皆さま、大前提として男性はそれほど惚れていない女性とも交際できるイキモノだということを知ってください！

下の図を見てください。

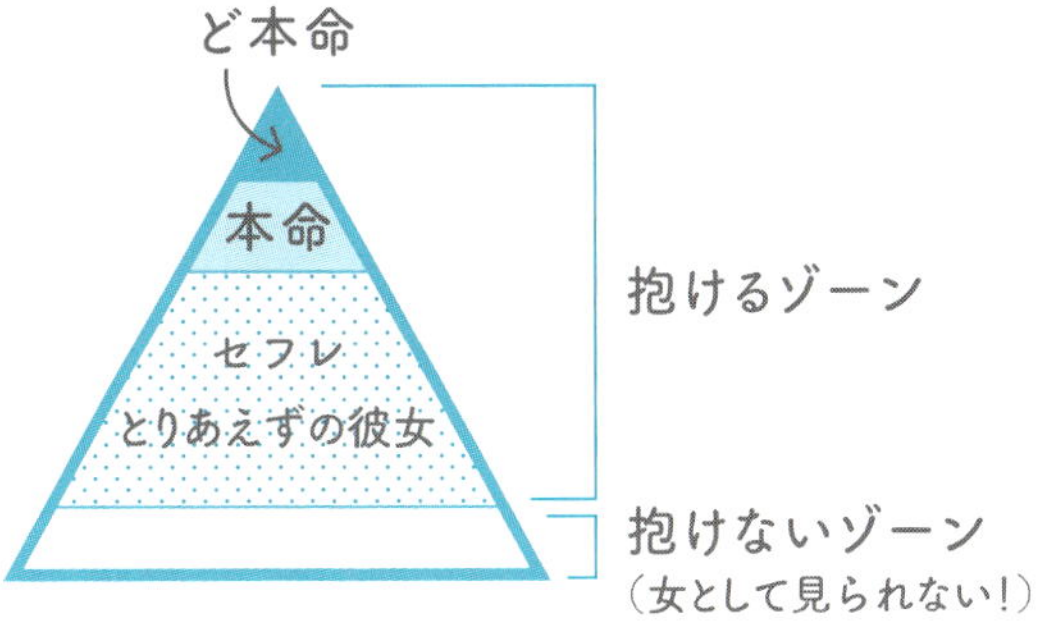

ど本命カースト

男性は、出会った瞬間、本能的にその女性を「抱けるか？　抱けないか？」ジャッジしてしまいます（これは狩猟本能ならでは。食える獲物になるかならないか、ジャッジしているのです）。

瞬時にカーストトップである、「ど本命」になるケースもあれば（いわゆる一目惚れ。ドンピシャ好みの見た目や雰囲気、まぶしい笑顔などで恋に落ちること）、付き合う前のデートで女性のふるまいに男心が揺さぶられ「この人を逃しちゃ後悔する！」と「ど本命」に昇格することがあります。

「メス力」を高めると、第一印象でグッと男心を惹きつけるコツや、デートで男心をくすぐるコツが見えてくるので、何も考えずに行動していた頃にくらべると、男性を恋に落とす確率＝「ど本命」に君臨する確率がグーンと上がります！

むしろ惚れられたくない男性にはメス力を使わないでください。

男の生理その１　なぜそこまで「ど本命」であることが大切なの？

男性は私たち女性が思う以上に、「狩猟本能」に従って生きています。**彼らの人生は、何かを追い求め、そしてゲットすることで成り立っています。**草食系の男性でも、たとえばゲームの世界などでその本能からくる欲求を発散しているでしょう。仕事や出世で成功を求めたり、スポーツに興じたりも同じです（スポーツ観戦にも、自分の狩猟本能を重ねています）。

よくないケースだとギャンブルにハマったり。形は違えど彼らは自分の本能からくる欲求を満たす行為を求めているのです。そして、手が届きそうで届かない状態に狂ったように、本能をかき立てられます（だから、あと少しあと少しとガチャに課金しまくるのです）。

恋愛においても彼らの狩猟本能は変わりません。すぐに落とせる女性は、簡単にクリアできるゲームと一緒。片手間になんとなく付き合った彼女には、熱中しませんし、すぐに飽きて次のゲーム（女）を求めます。

まずは、そんな男性の狩猟本能をしっかりと受けとめてください。きびしい表現となりますが、アナタがお手軽な女性であるということは、無料の景品を大切にしないのと同じようなこと。逆に「この人が絶対に欲しい！」と熱心に追い求め、時間とお金もかけて手にした女性には特別な感情（誇らしさ）を覚え、まるで自分の栄光のようにいつまでも大切にしようとします。

アナタの彼は、頑張って買った高価な家電や車、バイク、レアアイテムなどを呆れるほど大切にしていませんか？　男心とは、私たち女性にしてみれば呆れるくらいにシンプルなものなんです！

男の生理その2　付き合う前の女性の立ち位置が大切なワケ

さて先ほどの表についてですが、「抱けるゾーン」の広さに注目です！　ここにいる女性とは、男性はエッチすることはもちろんのこと、付き合うことも可能なのです！　私たち女性にとって、付き合うということが身も心も許す重みのある約束ごとだとしたら、男性からすると付き合うということは、もっと気軽なものなのです……！

「ど本命」でもない女性と付き合う理由は、ヒマつぶしにいいから、性欲処理が手軽にできるから（！）、家事をしてくれそうだからなど……。そこに大切にしたいなんて気持ちは微塵もありません！

しかも、カラダの関係を結ぶほど相手への愛情（執着？）がめばえる本能のある私たち女性とは違い、**男性は付きあった頃の気持ちが、そのまま持続（むしろエッチした後急激に低下）するものなので、付き合う前に「ど本命」であることが何よりも大切になってくるのです**。

だから幸せに満ちた最高の結婚を掴むには、付き合う前に、「メス力」を使って「ど本命」になる必要があるのです。

実質セフレもどきな「とりあえずの彼女」

また、男性は「とりあえずの彼女」にたいしては恐ろしく冷酷です。「俺に惚れられてないのにカラダを許した安い女」と下に見ます……（意味不明ですよね！）。**実質、彼女とは名ばかりのヒマつぶし兼、セフレもどきです**。だから女性が傷つくようなことを平気で言ったり、簡単に裏切ったり、いろんな意味で値踏みしてきたり、浮気しまくったり、約束を当然のように破ったりします。

そしてアナタが怒ると音信不通にして、サイテーな仕打ちをフルで展開されることになります。

結婚する気はある「本命の彼女」こそ要注意！

「本命の彼女」も要注意です！　男性は「本命の彼女」にたいして「結婚してやってもいい」と超上から目線で考えています。俺様のタイミングで、俺様の都合がいいような結婚の形しか考えていません。

たとえば、家事や育児をするつもりはサラサラありません。「だって俺様は結婚してあげたんだから」勝手に自分の親との同居の話をすすめます。「だって俺様の家族のほうが大切だから」。こんな調子で結婚生活も俺様中心で、話にならないことばかり起きます。そもそも話を聞く気はありません。「だって俺様はオマエより立ち位置が上だから……」と。

また、「とりあえずの彼女」と浮気したり二股をかける男もいます。バレると「オマエが本命だから！」と、泣き落としをしてきたり……（バカにしてますよね）。**男性は絶対手放したくない「ど本命」との交際中には、浮気はしません**。結婚の話は出ているけど、上から目線で命令してくる場合、おそらくアナタは「ど本命」ではなく、「本命」にすぎません。なかなか厳しい結婚生活が待ちかまえていると、覚悟してください。

そしてこれらの「とりあえずの彼女」や「本命の彼女」にひどい仕打ちをしてしまうサイテー男へのひょう変スイッチのことを、本書では「おクズ様」と総称しています。これは男性の人格そのものとは関係なく、縦社会で生きている男性ならではの「別に俺より格下の彼女に敬意を払う必要ないっしょ？」という謎の本能が正体です。

このスイッチは「ど本命」以外の女性には、無意識に入ってしまうので、「とりあえずの彼女」や「本命の彼女」はしんどい思いをさせられてしまうのです。

「ど本命」は人生観をも変える。男性にとって特別な人

男性にとって、「ど本命」との出逢いはカミナリに打たれたような衝撃の恋……！

どこか心の奥で見下していた女性観が一変し、ごく自然にど本命への敬意が生まれ、自分の変化に感動します。

尽くしたくて、喜ぶ顔が見たくて、彼女にラクをさせてあげたくて、エネルギーが大爆発します。「アイツ、あんなにチャラ男だったのに、あの女と出逢ってからどうした？」と周りがア然とするほどに。

片手間にできる恋愛ゲームなんかと違い、人生を捧げる覚悟で「はじめて出逢った心から結婚したい女」、「俺様を変えてくれた女神の降臨」に狩猟本能を爆発させて一秒でも早く独占しようとするのです。

だからズバリ書きます。

アナタが彼に大切にされないのは、彼にとってアナタは「ど本命」ではないか

らなんです。愛ありきじゃない婚活で、シビアすぎるジャッジをされるのも当たり前のこと。アナタの魅力うんぬんではなく、「ど本命」以外には男性はそんなものなのです。でも必要以上に卑屈になる必要もないんです。「私じゃなかったんだ、そっか」と去る。それくらいシンプルに受けとめてください。

アナタにとって、たった一人の「ど本命」と最後の恋をして最高の結婚をすることが目的なのですから！　それに値しない男性はどうでもいい！　さっさと去れ！　それくらいドンと構えてください。

「メス力」の高い女性は男心をくすぐるので「ど本命」になりやすい！

ここまでで、アナタが望むような幸せな結婚を叶えるには「ど本命」であることが必要不可欠だと、理解していただけたと思います。しかしのんびりと一目惚れされるのを待っていたら、まぐれ頼みになって、出逢いのチャンスを逃すだけです。
Chapter1では「メス力」を使い、付け焼き刃ではない女性としての魅力を存分に伸ばすことで、男心をくすぐったり、狩猟本能をたきつけたりし、「ど本命」になりやすい状態を作っていきます。

きっとアナタは、ただ結婚がしたいわけじゃない。「結婚してよかった！」、「この人と出会えてよかった！」そう思える最高に幸せな結婚でなければ、意味がない。本当はそう思っているのではないでしょうか？

いい加減、最後の恋にしたい。そして最高の結婚にしたい！　アナタのその望みを叶えるヒントはこの本の中にきっと見つけられるはずです。

男心を揺さぶるふるまいをインストールし、「ど本命」になる確率をグッと上げて、恋愛・婚活の戦場にくりだしていっていただけたらと思います。

Feminine Magic

Conclusion

まとめ

◆恋愛がうまくいかない理由は、そもそもアナタが「ど本命」ではないところにあった

◆幸せな結婚をするためには「ど本命」であることが必要不可欠！

◆「ど本命」以外の扱いにはシビアになって男性を断捨離するのが幸せの第一歩！　勇気を出して前に進むべし

Feminine
Magic
Words
02

男性が「本気の女」にすること。「遊びの女」にしてしまうこと。5大比較リスト！

「女は愛されて結婚した方が幸せ」この言葉の意味をしっかり理解しよう！

皆さま、「男は単純」という言葉を聞いたことはありますか？　これは、古今東西変わらない不遍的真理です。

男性というイキモノは、私たち女性が思っている以上に単純なものなのです。本気で付き合っている「ど本命」には寛大な心を持ち、常に優しく敬意を払い、ラクをさせてあげたくて手助けをします。当たり前にいつでも最優先で、連絡も（アナタが引くくらい）マメで、理不尽にキレたりすることもありません。「こんなに尽くしてくれて……どうした、恋にトチ狂ったか？」と、一瞬不安になるくらい全身全霊で愛情を注いでくれます。

ということは、アナタが「ど本命婚」をすれば、「旦那、家事なんもしないの!!」、「私が熱出してるのにさ、俺のメシは？　だって！」、「ツワリは病気じゃないだろ」ってため息つかれて……。こんな「ツライ結婚生活あるある」とはまったく無縁で、「大きな声では言えないんだけどね、結婚ってすごくいいものよ。大切にされて本当に幸せ♡」という、最高に幸せな結婚生活が待っているのです（※「ど本命クラッシャー」にならなければですが）。「女性は愛されて結婚したほうがいい」という先人の知恵は、こういうことだったのです。

男性の「本気」と「遊び」の見極めが女性の人生の分岐点

アナタはこんな経験はありませんか？　「めっちゃ優しかった元彼、今の彼女にサイテーだって噂で聞いたの。変わっちゃったのかな？」、「あの人、チャラ男だったのに今の彼女にはまるで別人!!　何が起きたの？」など。

男性は人格とは関係なく、心から惚れている「ど本命」とたいして惚れていない「とりあえずの彼女」や「本命の彼女」にはまるで対応が違い、「おクズ様」になってしまうと書きました。でもいまいち、自分が「ど本命」なのかそれとも「とりあえずの彼女」や「本命の彼女」なのか、わからない方も多いと思います。

ここでは、男性が「ど本命」にしてしまうことと、それに対して、「おクズ様」ならこう対応してきますよ、ということを、わかりやすく比較していきます。

いまアナタの目の前にいるその男性は「最後の恋」の相手に値するのか？　これから、恋活や婚活で出逢った人にとって、自分が「ど本命」なのか？　冷静に判断するひとつの材料にしてみてください。

男性が「ど本命」にすることと、遊びの女にしてしまう「おクズ様」対応

1 結婚についての「ど本命」と「おクズ様」

男性が、「この女性こそが運命の人」と確信する「ど本命」に巡りあった時、まだ付き合ってもいないのに結婚を意識していることを伝えてきます。普段、理屈でものごとを捉えている男性が、ひとたび（勝手に）「この人を逃してはならぬ‼」と、直感してしまうと、狩猟本能がフルに発揮されて全力で捕まえようとするのです！

逆に、アナタと結婚する気のない「おクズ様」は2年経とうが、10年経とうが、のらりくらりと結婚を避けようとします。もし結婚したとしても、家政婦兼エッ

チ処理係（面倒なことは全部まかせた〜）程度の相手を確保できたぜ‼　と考えているため大切にする理由はなく、家庭をかえりみず、いつまでも「オマエと結婚してやった俺様」感を出してくるのです。

・「ど本命」は逃さないように、ちょっと引くくらい必死（手汗やばそうな雰囲気）。
・「おクズ様」は最初だけ必死でも、エッチという目的を達成した瞬間から手抜きになる。
・「ど本命」は付き合う前から「結婚を意識してます」と勝手に予告。
・「おクズ様」は付き合う前に「俺、結婚願望ないんだよね」と牽制。
・「ど本命」の告白は「結婚を前提に付き合ってください」など結婚意識。
・「おクズ様」は告白をエッチできる券獲得としか思ってないので、ノリが軽い。
　むしろ、告白を避けてエッチに持ち込もうとすることもある。
・「ど本命」は、「こういう人に出逢いたかった」などと言うが、カラダには触れてこない（誠実）。
・「おクズ様」は「かわいいね」と褒めちぎりながらボディタッチしてくる（下心）。

・「ど本命」は「俺という人間の半生」を聞いてもいないのに真剣に語り出す（結婚相手として俺のこと知っておいて！）。

・「おクズ様」は自慢話ばかりずっと話してくる（承認欲求を満たす道具にしてる）。

・「ど本命」はアナタの「料理苦手で」には「別に俺もやるよ」と協力的な姿勢を示す（なんでもするよ！　俺と結婚してね！）。

・「おクズ様」は「マジ料理できない女ありえね〜結婚相手にはできないよなぁ」と上から目線（俺様がオマエと結婚できるかどうか、ジャッジするわ）。

・「ど本命」は彼女の願う結婚のカタチを実現しようとする（君の夢が俺の夢）。

・「おクズ様」は勝手に親との同居話を進めたり、自分の都合のいい結婚しかする気がない（結婚相手は家政婦兼、無料エッチ兼、介護要員だろ？）。

2アナタの優先順位について「ど本命」と「おクズ様」

「ど本命」と巡りあった男性にとっての第1ミッションは「彼女を絶対だれにも渡したくない！」です。本来男性は、ナワバリ意識が強く、嫉妬深いイキモノ。アナタをなによりも大切にし、2人の関係を最優先することで、離さないように全力を尽くします。趣味や男の友情は後回しです。そして、アナタの喜ぶ顔が生きがいなのです。

「おクズ様」にとってアナタは、ヒマつぶし、無料でエッチできる女・金ヅル。自分の都合がいいタイミングで遊べればいいので、気が向かないときは、音信不通にしたり、アナタの心のケアなんて興味がありません（エッチしたい時にテキトーに機嫌を取ってくることはありますが……）。

・「ど本命」はアナタが落ち込んでいたら、あらゆる予定をキャンセルして駆けつけてくる。

・「おクズ様」はアナタが落ちてる気配をキャッチすると、忙しいフリして既読すらつけなくなる。もしくは、「寝てた〜」ですっとぼける。

・「ど本命」は隙を見つけてはＬＩＮＥしてくる。基本即レスで連絡のやり取りにストレスがない。

・「おクズ様」はそもそも連絡すらなかなか取れずにイライラ。キメ台詞は「俺マメじゃないんだよね〜」。

・「ど本命」はたった5分だけでも会いにきて「元気もらった」と仕事や家に戻る。

・「おクズ様」は「明日も仕事だしな〜」と夜時間があまってても、会えない。そもそもわざわざ会いにくることがマレ。

・「ど本命」は体調不良を隠してデートに来る。

・「おクズ様」は体調不良のフリしてドタキャンする（他に予定が入った）。

・「ど本命」は彼の休みは当然アナタとのデートの日！

・「おクズ様」は友達や趣味、パチンコ（！）を優先する。もしくは気分次第。

・「ど本命」はデートで割り勘はありえない。だって会ってもらってるから（思いもつかない）。

・「おクズ様」はおごることもあるが、やけに恩着せがましい。割り勘や「奢って」攻撃すらしてくる。

・「ど本命」はよほどの大ごとがない限り、ドタキャンはありえない。

・「おクズ様」はドタキャンの常連。連絡があるならまだいい方。そのまま音信不通にされて、2日後くらいに連絡してくることがある。

・「ど本命」は常に不安にさせないよう、心配りを欠かさないから、不安になりようがない。

・「おクズ様」はアナタが不安になろうが、おかまいなし。むしろ不安そうにしていると、露骨にイライラしてくる。

・「ど本命」はアナタに会いたがる。無論、エッチがなくとも……。

・「おクズ様」はエッチができないなら会いたがらない。

・「ど本命」は記念日を、アナタ以上に大切にする（アナタの喜ぶ顔がみたいから）。

・「おクズ様」は記念日をスルーするのに、自分の誕生日には、高価なプレゼントをリクエストしてくる。

3エッチにたいしての「ど本命」と「おクズ様」

多くの男性は、私たち女性とは違い「愛と性」を切りはなすことができます。

自分をあまり愛していない男性に抱かれたあと、なんとも言えない、モノ扱いされたような虚しさを感じるのは、そこに愛が無いからです（女性にとってパートナーとのエッチは愛です。愛を感じないとミジメな気持ちになります）。

男性が本当に愛する「ど本命」と巡りあった時、やっと彼らにとってエッチが愛情に結びついた神聖なものに変わるのです……（遅いわ！）。

「おクズ様」にとってエッチは排泄行為です……。アナタは無料で抱ける道具です。アナタの気持ちやコンディションに1ミクロンたりとも興味がないので、カラダを乱暴に扱ったり、自分の快楽だけ一方的に追求したり、事後のいわゆる「賢者タイム」には、シレーッと冷たくなります。

そしてアナタは、愛情を感じないので、事後なんとも言えない虚しい気持ちにさせられるのです……。

・「ど本命」は付き合う前、急なお泊まりになっても、手を出してこない。
・「おクズ様」はお泊まりで我慢する理由がないので、むしろ強引にせまってくる。
・「ど本命」はアナタがその気になるまで、じっくりと待つ。急かして嫌われたくないから。
・「おクズ様」は3回目のデートまでにはエッチしたいと目標がある。断ると逆ギレしたり、音信不通にしてくる。
・「ど本命」はエッチ中は宝物扱い。行為の後でも愛おしそうに見つめてくる。

・「おクズ様」は道具扱い。行為の後に急に素っ気なくなる（帰ってくれ！）。
・「ど本命」は初エッチ後、彼のＬＯＶＥ度が上がっている。
・「おクズ様」は初エッチ後、連絡がマメじゃなくなったり、上から目線に拍車がかかる。
・「ど本命」はエッチ後、アナタの幸福感がすごい。都市伝説だと思っていた、美肌効果が……（彼の愛情に導かれて〝幸せホルモン〟のオキシトシンが爆発）。
・「おクズ様」はエッチの後、アナタがミジメな気持ちになる。いつまでも心が重なるような一体感や安心感がえられない……。
・「ど本命」は避妊に協力的。
・「おクズ様」は避妊を拒む。「オマエがピル飲めよ」など絶句するようなことを言う。

4恋愛で男が磨かれる「ど本命」とこじらせ続ける「おクズ様」

男性は、女性が思っている以上にガンコです。自分を変えたがらず、非を認めるのも苦手でプライドを大切にするイキモノです。

しかし、優先順位NO．1である「ど本命」のためならば、話は別です。「ど本命」を幸せにするために、こちらがアレコレ指示しなくても、勝手にいい男にアップデートしていきます！　その結果、彼をよく知る昔からの友人が呆気にとられたり、出会ったころと見違えるような、堂々としたオトナの男になってゆくのです。**男性とは、「ど本命」との出逢いによって磨かれるものなのです。**

一方「おクズ様」はアナタよりも自分の立ち位置の方が数段上だと思っているので、アナタのために変わる気なんてさらっさらありません！　なんの成長もなく、こじらせた女性観のまま歳だけ重ねていき、「職場ではいい人だけど、プライベートで話をしたら、女性軽視発言が多くてあ然とした」と周りに引かれるような、内面が未成熟なままオトナになっていきます（婚活している方は一度は遭遇したことがあるはず）。

・「ど本命」は彼の周りの人が「アイツどうした？　変わったよな？　あんな一途だったか？」と首をかしげる。

・「おクズ様」は相変わらず周りの悪友と悪巧み（隠れて合コン等）ばかりして

いる。

・「ど本命」は女関係を勝手に整理している（そっと疎遠にしていく方式）。

・「おクズ様」は隙あらば、元カノや、ナンパで知り合った女に「元気？（エッチしようぜ！）」と連絡している。

・「ど本命」は仕事もバリバリ頑張ってるようだ（アナタを幸せにできる男になるために）。

・「おクズ様」は仕事が続かない。やる気がない。人の足を引っ張ることばかり考えている。

・「ど本命」は勝手に禁煙したらしい（アナタが嫌煙家と知って）。

・「おクズ様」はアナタが嫌煙家でも、食事中にタバコをふかす。

・「ど本命」は女性全般に思いやりを持つようになった。

・「おクズ様」は相変わらず女性軽視をこじらせて、性犯罪のニュースに「冤罪じゃね？」などとぬかしている。

5アナタの意見や生き方を尊重する「ど本命」

片っ端から否定してくる「おクズ様」

男性とは縦社会のイキモノです。無意識に自分と相手との立ち位置でどちらが上かをはかって、対応を変えてしまう性質があります。惚れてやまない「ど本命」は、もちろん俺様より立ち位置が上。生き方や意見を自分のこと以上に大切にし、尊重します。

「おクズ様」にとって、アナタは立ち位置が下。あくまで「俺様が付き合ってあげている」スタンスなので、俺様にふさわしく変わるように命令してきたり、アナタの大切にしてるものをバカにしたり、コケにします……。

・「ど本命」はアナタの意見には基本「そうしよう」か、それ以上のことをしてあげたがる。
・「おクズ様」はアナタの意見にまず否定から入り、簡単には受け入れない。
・「ど本命」はキレたり逆ギレしたり、命令したりということが一切ない！
・「おクズ様」はキレたり、暴言はいたり、大きなため息をついてアナタをコントロールしようとする。
・「ど本命」は無意識にアナタの考え方に染まっている（アナタの意見に真剣に耳を傾けてるから）。
・「おクズ様」はアナタの話をまず真剣に聞いてすらいない（何か言ってんなぁ）。
・「ど本命」はアナタの周りの人も大切に思ってくれる。
・「おクズ様」はアナタの周りの人を軽んじる。
・「ど本命」はアナタの仕事や趣味を尊重する。ましてやバカにしたりなんて絶対しない。
・「おクズ様」はアナタの仕事や趣味をバカにしてきたり、やめるように命令してくる。
・「ど本命」は自分の親より、アナタの味方。
・「おクズ様」はどう考えても理不尽な意見でも、自分の親を優先させる。
・「ど本命」はアナタが嫌がることや不安にさせるようなことはしない。
アナタに「やめて」と言われたことは、二度としないように気をつけている。
・「おクズ様」はアナタが「やめて」と言ったことでも、くり返す。むしろ聞いてなかったとすっとぼける。

男性は「ど本命」と恋に落ちると、狩猟本能と庇護欲が爆発し、ここまでしてしまうものなのです。

そして「ど本命」に尽くしている時は本能が満たされて、彼らもまた幸せなのです。だから、これらの行為に申し訳なさを感じることなく、「ありがとう！」と笑顔で受け取り続けることが、愛され続けるのに必要な「メス力」なのです（この詳しい理屈は、この後のChapterでじっくりと……）。

ちなみに「おクズ様」は、アナタがどう悪あがきしようと、「ど本命」として見ることはないでしょう。アナタの貴重な時間をこれ以上ムダにしないためにも、すぐに断捨離することをオススメします。

Feminine Magic

Conclusion

まとめ

◆女性は愛されて結婚した方が良い

◆男性の「本気」と「遊び」を見極めることが大切

◆自分が「ど本命」として扱われないと気がついたら即、断捨離！

Feminine
Magic
Words
03

なぜ女の笑顔が男を悩殺するのか？

いつも笑顔の女がモテる理由は男のエネルギー源になるから

皆さま、通勤の電車の中やスーパーの店内などで、女性たちの顔を、こっそり見てみてください。ほぼ100%、表情が死んでいると思います。スマホを見ながら眉間にハンパなくシワを寄せている女性の多いこと。かく言う私も疲れていると確実に表情が死んでいます（苦笑）。

でも、だからこそ笑顔の女性は引き立つのです！

なぜなら男性は女性の笑顔を糧に生きているから。自家発電できない彼らは、俺様ソーラーパネルに、女性の笑顔が当たるのを心待ちにしてる可愛いイキモノなのです。常に女性という煩悩エネルギー（性欲ともいう）が必要なのですね。

ですから、まずはどんよりした表情をしないように、意識して変えてみてください。**ほんのり笑顔で話しかけやすい雰囲気にしてみてください。これだけでモテ度や一目惚れされ度が確実に爆上がりします**。

そうすると男性たちが「俺様のソーラーパネルに光をください！　はっはっ発ッ電〜ッ!!」と駆け寄ります。群がります。だから笑顔の女性がモテるんです。超単純な話です！

普段クールなアナタも、とびきりの笑顔をここぞとばかりに披露するだけで男性たちをドキン♡とさせられます。女性がもつ大きな武器は、とびきりの笑顔なんです。婚活パーティや合コンなど、横並びでジャッジされる場でも美しさ、巨乳、若さと同じくらいの武器になります。

女は黙って笑顔を磨く。これに尽きる！

皆さま、いいですか？

私たち女性は俺様ソーラーパネルに光を放ってあげている立場。「もっと光が欲しいなら、優しく扱いなさいな。ほほほ」、「あら、そういう扱いするならプイッよ。ほほほほ」。内心ではこれぐらい強気で自信を持つべし。

でも、ひとつだけ気をつけてほしいのは、ヘラヘラしていることと笑顔でいることは全然違うということ。ヘラヘラしているだけだと、男たちは上から目線でくるからね。

繰り返します。女性の笑顔は男性にとって太陽です。男性はそれを待ちわびる俺様ソーラーパネル。アナタがいつも笑顔でいれば、自ずと男性は集まりだします。話しかけてきます。ズバリ、これがモテるということです！

「モテる」ということを、複雑に考えすぎないようにしましょう。

Feminine Magic

Conclusion

まとめ

◆男性は女性の笑顔を糧に生きている

◆ヘラヘラするのと笑顔は違う。ヘラヘラしていてはナメられるだけ

◆笑顔は最強のモテアイテム

◆話しかけてほしい男性には目があったらニコッとすべし！　アナタの光を求めて話しかけてきます

Column

恋愛は女が心をすり減らすものではない！

大好きな人に愛されるというのは、ブランドのバッグより、高いジュエリーより、何よりも価値があって心を温かく満たしてくれるものです。すべてのストレスを浄化させてくれる特効薬みたいなものでもあります。マウンティング女子会、過剰な幸せアピール、ブランド依存、買い物依存……。本当に満たされていたら、そういうことには陥らないし、巻き込まれません。

「おクズ様」ループにハマっている女性たちに会うと、いつも「目を覚まして！」と強く思います。ご存じの通り、私の人生、いろいろありました。それでも新しい選択をしていけるのは、**「自分は愛される価値がある」と信じているから。そして何より、「自分の人生のケツを拭く覚悟」ができているから。**このすべての自信と気持ちは、今までの恋愛と結婚で得たものなのです。「人生とはいつでも自分で切り開ける、いくつになっても新しい自分になれる」そう信じる勇気をくれたのです。

私は、恋愛経験が浅いうちに大切にしてくれる人と付き合ってほしいなと思います。初恋が「おクズ様」や、とりあえずの彼女な恋愛だとそれが恋愛における自分の価値だと思い込んで、恋愛地獄スパイラルにハマってしまいます。むしろ「おクズ様」が好みだとすら、思い込んでしまう。

「おクズ様じゃなきゃ、ときめかない」そんなスパイラルにハマっていた子が好きな人に愛される喜びを知った時。まるで別人のようにキラキラ美しく生まれ変わった姿を見てきました。

女は好きな人に愛されて輝く。私はそう信じています。

Feminine
Magic
Words
04

LINEは「チラリズム」で男心をひそかにくすぐれ！

理屈で知りたい！
ＬＩＮＥに振りまわされる女性が恋愛地獄に沈むワケ！

さて皆さま、ＬＩＮＥに振りまわされる女性が恋愛地獄にズブズブ沈んでしまうのは、なんとな〜くご存じのことだと思います。ここではその詳しい理由を男心に寄りそいながら、対処法も交えて解説していきたいと思います。しっかりと理屈で理解して、男心をくすぐる「ＬＩＮＥメス力」をモノにしてくださいね。

アナタはこんなＬＩＮＥで地雷を踏んでいませんか？

今から書くことは、女性が踏みがちなＬＩＮＥの地雷です。なぜこれを踏むと彼の恋心が冷めてしまうのか？　対処法から男心を学んでください。

・**男は「追う側」であることが好き**。いつも即レスしてくる女性には「追ってる感が得られない」ので男心がくすぐられません。

対処法↓すぐに既読をつけずに焦らしましょう。即レスは、男性へのレアなご褒美感覚でヨシなのです。

・自分からガンガンＬＩＮＥをしてくる女性には「追われてる感」を感じてしまって、恋心が冷めます。

対処法↓基本、女性からは連絡しないこと。そもそも相手が本気なら、次から次へとアナタに連絡がきて、返信対応に追われるものです。

・長文で近況報告する女性はデートに誘う気が失せます。

対処法↓ＬＩＮＥの内容は感じよくさっぱりと。情報を小出しにすることで「最近何してるのかな？　会って話したいな！」とデートに誘わせてナンボです。

・「今ヒマ〜！　最近いいことない〜！」なヒマ人ＬＩＮＥしてくる女性には魅力を感じません。

対処法↓いつも充実して、恋愛に依存していないフリをしましょう。**ヒマそうな女性を、わざわざ追う理由はありません**。

・「なんで既読遅いの？」、「おーいｗ」など返信を急かすようなＬＩＮＥをする女性はストーカー体質に感じます（逃げたい！）。

対処法↓相手の既読・未読に左右されず、常にサラリと一定の対応をすることで、LINEに振りまわされがちな他の女性とは一線を画し、「他の女とは違う。この子だけは逃さない方がいいかもな！」と、追う理由を与えましょう。

・「連絡ありがとう♪」なんてLINEごときに感謝する女性には、なんとなく上から目線になっていきます。

対処法↓アナタはあくまで、**返信してあげてる側**。彼がアナタからの返信で得られる「ヨシ！　返信きたっ！」という、ご褒美感を奪わないよう気をつけましょう。

・既読未読でそわそわし、彼のSNSをチェックして「インスタのストーリーはあげてたくせに！　なんで返信してこないの？」とキレる女とは即刻別れたくなります。

対処法↓それをしてしまったら、男が追う側であるべき恋のバランスがガラガラと崩れてしまいます。何があってもSNS探偵をしていることは、バレてはダメです！（墓場まで持っていくレベルで）

LINEの「メス力」はあくまで〝チラリズム引き算〟!

ＬＩＮＥの「メス力」的な使い方ですが、会っていない時はあっさりと引いて、連絡が取れたり取りづらかったりして、生活リズムを読ませず、チラリズムを演出することで「あ〜! 全然この子のこと見えてこないや。もっと知りたい!」、「まっ、まさか他の男いるのかな? 早くデートに誘わなきゃ!」と、あえて**連絡が取れない時間を与えることで、恋心という名の妄想を膨らませ、追わせる理由を与えるツールとして活用してください**。

恋愛の本番はデートですよ。ＬＩＮＥは会うまでの連絡手段と割りきり、ましてデジタルの世界で心を分かち合おうとはしないことです(だいたい妙に重くなりすぎて「ど本命クラッシャー」が発動してしまいます)。

肝に銘じてください。ＬＩＮＥで長文を送ったり、マメマメしく即レスをすると男性はアナタをデートに誘うモチベーションが下がるものなのです。恋の地雷になりがちなＬＩＮＥ。もっとしたたかにチラリズム的な引き算を活用してくださいませ。

そもそも彼がマメにＬＩＮＥをくれなくて、悩んでいるアナタへ

「引き算しようにも、そもそも彼からＬＩＮＥがきません……」と悩んだり、苦しんでいる方もいると思います。

大変言いにくいのですが、男性は「ど本命」にはマメなものです。これは絶対法則です。恋に落ちた彼は、アナタを他の男性にとられまいと必死ですから、既読スルーしたり、音信不通にして不安にさせるなんて１００％あり得ません。

男性の言う、「忙しい」というセリフはただの言い訳なのです。秒刻みでスケジュールが埋まっているほど忙しい大統領や大企業の社長でも、惚れた女のためならメールくらい必ず打つでしょう。**忙しいからこそ、彼女に少しでも安心感を与えるために、スキマ時間を逃しません**。

私たち女性はそれを本能的にわかっているからこそ「もしかして私、愛されてないのかな？」と不安になるのですよね……。連絡が全然つかずにイライラした

り、不安になってしまう時点で、「あぁ……私って彼にとっての『ど本命』じゃないんだ」と自分の今の立ち位置を、シビアにお察しください。

安心感に包まれた恋愛こそが、不満のない幸せな結婚生活に導くものなのです。アナタを本当に大切にする人とだけ、お付き合いしてください。**LINEひとつマメにできず不安を与える「おクズ様」なんて、アナタにふさわしくないのです。**

「だって本当に彼、忙しいんだもん」そう彼をかばっているアナタが、同じくらい多忙な男性の「ど本命」彼女になった時、そのマメさに「元カレめ。言い訳だったな」と、ここでお伝えした内容に納得するはずです。

Feminine Magic

Conclusion

まとめ

◆女性はLINEで密なコミュニケーションをとって、親交を深めようとする傾向がある

◆それをすると、男性がアナタを追う理由、会う理由、妄想して愛を深めるチャンスを失うだけだと理解する

◆会わない時はさっぱりとし、会ったらデートの「メス力」全開で、もっと会いたい、もっと知りたい女性をチラリズム的な引き算で演出する

◆いっそのこと「あんまりLINEとか見ないんだよね」設定でアナタが生きるべし！　既読・未読にハラハラするのは、あくまで男性側のお仕事

Column

SNSと恋愛の掟

SNSと恋愛には①原則、SNSで繋がらない②こちらから申請しない③私生活をたれ流さないという３つの掟があります。

男性は恋に落ちた時、想像力がバーン‼　と膨らんで「いま何してるのかなぁ？」、「お、お、お、オトコと居たりして」などアナタへの妄想が膨らみます♡　男性は離れている時にこそ、恋心を膨らませるのです♡

しかし、それを邪魔するアイテムがSNSです‼

男「メリ子さん、おおっtwitterやってる‼‼……ってなんだよこのツイート！」
メリ子「あー！　マジ仕事だる！」
メリ子「いつめんと飲み会！」（写メ）
メリ子「メイクしたまま寝落ちして女子力低い笑」（写メ）
メリ子「ほんと上司言ってること、意味わからんし。自分が正しいが強すぎてムリ！」
メリ子「女優の○□子また整形した？笑」

いつ、どこで、誰と何をしてるか？　本音すらもダダ漏れ。

わざわざ恋い焦がれて、妄想する価値ナシ！

さぁ、これでもアナタはＳＮＳで繋がっていたいと思いますか？　それ、もしかして彼の監視目的ではありませんか？　監視する側って＝追ってる側なワケだけど、それ「ど本命」恋愛ですか？

彼に追い求められたいなら、まずSNSで繋がるな‼　アナタという女の情報にもっともっともっとレア感出そう‼　もったいつけよう‼　そして相手の恋心を焚きつけよう‼

以上。みんながボッロンボロンに、自分のことを要らない情報まで発信する時代だからこそ！　逆に他の女性と差がつくチャンスですよ！

Feminine Magic

Chapter

2

頼り上手で
感謝上手になる
「メス力」

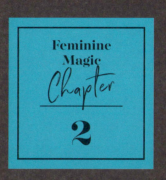

Feminine
Magic
Words
01

アナタには
女としての
「可愛げ」がない!

男性から見て「可愛い女」ってどんな女性？

私たち女性が頻繁に使う「可愛い」と男性が使う「可愛い」には、その意味に天と地ほどの差があります。そのことに気がついたのは、たまたま耳にしたカップルの会話から。

「ねえ、この服可愛くない？」

「似合ってるとは思うけど……。女の子ってすぐ何でも可愛いって言うよね」

「えっ？　可愛いじゃん！　この色とかこの辺りのデザインとか。てか、だったら男はどんな時に可愛いって言うの？」

「男は守ってあげたいって思った時に可愛いって言うよ」

そうなんです。**男性の思う「可愛い」が意味するのは、「守ってあげたい」ということ**。この時に気がついた「可愛い」という言葉に対する男女の認識の差は、私に宇宙創造・ビッグバン的なディープインパクトを与えたのでした。

そして私は考えました。「男性の守ってあげたい可愛い女」ってどんな女性よ？　小柄で華奢な子？　萌え袖が似合う子？　ナチュラルだけどしっかりカラコンを装着したウルウルの瞳で上目遣いをする子？

でも私は身長161センチ。目ヂカラ強めの男顔で甘め要素はゼロ！　見た目に可憐さのない私のようなタイプの女性でも、守ってあげたい可愛い女になれるのか？　答えは、YESです！

可愛げのない女はすべてを抱えこんでイライラしてしまいます

突然ですが、ここで可愛げのない女性について、例え話をします。主婦A子のある休日の話です。

仕事が休みの旦那は一日中、テレビの前で横になって動きません。そんな様子にA子はイラッとします。

家事は分担するって言ってたのに何にもしない……。

テレビ見ながらでも、洗濯機回せるじゃん！

ゴミをまとめて出す準備もできるじゃん！

洗濯物たたみながらでもテレビ見られるじゃん！

ふと見ると、A子の横には旦那がたたんだ洗濯物が。

ちょ…なにこの雑なたたみ方！

あーーーもう！！！

いちいち言うのも面倒だし、やっぱり私がやった方が早いわ！

よく言われることですが、女性は男性よりもはるかに高いマルチタスク能力を持っています。イヤホンで電話をしながら掃除や料理をするなんて当たり前にできちゃいますよね。一方、男性は同時に複数のことをこなすのがとっても苦手。

仕事！　以上！

遊び！　以上！

のんびり！　以上！

一度にひとつのことしかできません。

マルチタスク能力が高いからこそ、私たち女性はつい、男性がゆっくりモード切りかえするのを待てずに自分でやってしまいます。ですが、常にやらなければいけない事を山のように抱え続けていると、どんどんストレスが溜まります。

そんな時、キッチンに立つA子のお尻をイヤラしく撫でる旦那。それは同棲時代からの「今夜どう？」の合図。瞬間、A子のストレスや不満が爆発します。

人の尻触る暇あるなら皿洗いぐらいしろ！！！！！

シンクのゴミも綺麗にしろ！！！！

「やめてよ！！！」

A子の剣幕に驚いた旦那は謝ります。

「ごめん……」

しかし旦那の心の中の声はこうです。

「うわ、またイライラしてる。女って長く一緒にいると人格変わるなぁ……。女としての可愛げがないんだよ！」

さぁ、おそらく日本中で繰り広げられているこの光景。結婚していてもしていなくても、心当たりがある人も多いのではないでしょうか。女性にとってはA子の気持ちは共感しかないですよね。でも、彼女はこの中で大きなチャンスを逃していています。

それは、「可愛げのある女性になる」チャンスです！

彼のちょっとしたダメな一面を知ったり、イヤなことをされた時こそ、可愛げのある女性になるための絶好のチャンスなのです！　それなのに、「私は何でもこなせる」とばかりに、すべて一人で抱えて我慢してイライラしていませんか？

パートナーの前で自分のチャンネルを「甘えん坊チャンネル」に変えていますか？

男性の言う「可愛い」とは、可愛げのことなんです。可愛げがある女性とは、「できない」、「知らない」、「ダメ」、「お願い」、「ありがとう」などを素直に言える女性のことなんです。

A子の場合ならば「ん～疲れちゃって…。お風呂掃除、先にやっててほしいけどお願いできる？」とちょっぴり可愛い声でお願いをしましょう。デレデレモードの男性は、案外ＯＫしてくれます。そして、やってくれたら大げさに感謝しましょう。

こうして可愛げを武器にコツコツと仕事を彼にお願いし、家事をコッソリ分担し、アナタがラクできるよう仕向けるのです。しかも可愛げを武器にしたやり方なら、男性は「俺って頼られてる⁉　この人のことを守ってあげなきゃ！」と使命感に燃えているので、アナタのお願いごとでケンカが生まれることなくスムーズに事がはこびます。これが、「甘えん坊チャンネル」が持つ力のすごさです！

逆に、どんなに美しくても男性に対抗心をメラメラ燃やす女性は……

敵です！！！！！！

夜叉です！！！！！

おブスなのです！！！！！！

ちょっと彼にイヤなことをされた時やお願いごとのある時こそ、自分の感情を「甘えん坊チャンネル」に変えて可愛く言ってみましょう。これ、本当に賢い女性はみんなやっている、角の立たない男性の操縦方法です（操縦という言葉はあまり好きではありませんが……）。

女と男は性別が違うというだけではなく、考え方から感情まで、何もかもが違います。だからこそ、きちんと伝える必要があるのです。私は見た目が可愛い系の女性には、来世に転生でもしない限り、なれません。でも、「可愛げのある女性」にはアラサーでもアラキューでも！　今すぐなれるのです！　しかも無料！

あの子って、見た目は微妙なのになんで彼から大切にされてるんだろう？　アナタの周りにも、そういう子がいると思います。彼女たちはほぼ100％の確率で、「甘えん坊チャンネル」を武器として使いこなしているのです。そう、甘え上手な女性は男性の「この人を守ってあげたい」という庇護欲をかき立てているんです。

女性だけが使える圧倒的な武器「甘えん坊チャンネル」を捨てるなんてもったいなさすぎるでしょ！　さぁ、今この瞬間から、要らないプライドを捨てて、甘え上手な可愛げのある女性に生まれ変わりましょう！

Feminine Magic

Conclusion

まとめ

◆男性の思う「可愛い女」とは、「可愛げのある、守ってあげたい女」である

◆嫌なことをされた時やお願いごとがある時こそ「可愛げのある女」になる絶好のチャンス

◆「可愛げ」に見た目の美醜は関係ナシ。何歳からでも、どんな女性でも「可愛げのある女」になれる！

Column

言葉のナイフでキャインキャイン！

私、男性にキレるとめっちゃ怖いです。もしかして、皆さんもかな？ だから理性が働く範囲の時は、できる限りできる限りできる限り、どう立ち回れば、角が立たないかを考えるようにしています。

バシッと言うと男性は子犬のように「キャイン！！」ってなってしまうこともあります。でもそのキャイン顔を見ると、なんとも愛おしくなるんだけどね(笑)。

今はもうないけれど、彼とケンカになった時に言葉のナイフをガンガン振りかざして、相手を攻撃していたんですよね。

でもね、そんな行動を続けていると男性はどんどん無口キャラになっていきます。どんなに大好きで大切な彼女だろうと、自分の心を傷つけられたトラウマで、心を開いて自分のことを話してくれなくなるのです。

そういえば、「メリは弁護士に向いてるよ」と真剣に言われたこともありました。もしかして皮肉だった（笑）？

勉強はできないのにムダに口が達者な私は、20代の頃はよくやらかしてました。過去の自分を思い出すと、男性の一挙手一投足にピリピリしすぎていたなと思います。

余計なことを言わないと決めたら、びっくりするほど、ケンカがなくなりました。もちろん、自分が絶対に譲れないことや本気で失礼なこと、ナメられてるなって感じることはハッキリ言うことも大切です。でも、それ以外のことはあまり真に受けず流したほうが、自分がラクになりますよ♪

Feminine
Magic
Words
02

グチの言い方ひとつで男の優しさを引き出す

たられば話に男性は共感できない脳のつくりをしていた!

大人になると、さまざまなシーンで決断を迫られますよね。進学、引っ越し、就職、転職、恋愛、結婚……。決断の数だけ「あの時ああすれば良かった」、「そしたらもっとこうだったかも」、「今の環境は本当ヤダ!」など、過去への後悔や別の道へ進んだ時の妄想も増えます。

いわゆる、たられば話が女性は本当に多いです。でも、こういう話は**男性に一番聞かせてはいけないってこと、知っていますか?** 男性は結果で物事を判断するイキモノ。女性のたられば話には、ほんの1ミリも共感してくれません。

それどころか彼らにとって、たられば話は愚痴にしか聞こえません。そのためたられば話をする女性のことを、冷めた目で見ています。

好意を持っていたとしても、「ぐじぐじしてて、ネチっこくてつまんない女だなぁ……」って、恋心もヒンヤリします。でも女性はたらればなイキモノ。思考するとき、その考えは過去・現在・未来と時空を超えます。だから彼氏とのケンカで「大体あの時だって‼」、「ううん! 違う。こう言った‼」、「忘れたの? あんなひどいこと！　最低‼」などと過去話を寸分違わずリアルに再現して聞かせ、男性をあ然とさせてしまうのです。

それはなぜなのか。科学的にも、女性の脳は、記憶や感情と言葉を繋ぐ脳梁が男性よりも太く繋がっていると言われています。そのため、脳全体を使って記憶と感情を高まらせ、妄想をブワっと膨らませながら会話をするのです。

だから女性の会話には、ありもしない「たられば」がじゃんじゃん出てくる！　しかも話しながら考えを整理する性質上、自分の中だけで留めておくのが、苦手。

たられば妄想話は、女性として自然の摂理なのです

でも、本能を免罪符にしてはいけません。女性と違い男性は、結果と理論の左脳で会話をすると言われています。現在志向の男性に、オチのないグチを聞かせると、彼らは強烈な苦痛を感じます。「で？　それでどうしたいわけ？」と、イライライライラ。女性は「大変だったね。大丈夫？」と共感してほしいだけなのに「自分で決めたんでしょ」、「だったらやめたら？」と正論で締めくくられる。

つきはなされるみたいで腹立つんですよねえ、コレ！　でも、そこで「○○君冷たい！　私のこと大切じゃないんでしょ」などとキレると「この女の話を聞くと、反論されてなんかメンドクセぇわ」と思われてしまう可能性大。女性はその様子に思いやりがない！　とワナワナしてきます。そして、大ゲンカへと発展するのです。

グチを聞いてもらってアナタが満足する方法

どうしてもグチを聞いてほしい時は「あのね、ただ聞いてほしいの」と初めに言いましょう。それだけで男性は安心するらしいです♡　そして聞いてくれたことに「ありがとう」と感謝しましょう。

彼がえらそうにアドバイスや正論を言ってきても、反論せず「うんうん、勉強になる！」と敬意を伝えましょう。彼は満足して、アナタに優しくしたくなります。グチの内容とは関係ないことで優しくしてきますが、アナタの心はホッと癒されることでしょう。

彼のグチは禁止ですよ！　詳しくは223ページを読んでくださいね。

Feminine Magic

Conclusion

まとめ

◆たられば話やグチを聞いてほしい時は、初めに「ただ聞いてほしい」と伝えるだけで男性は安心して話を聞くことができる

◆男性の意見に反論せず、「勉強になる」と伝えると、男性は立てられたと感じてアナタに優しくしたくなる。結果、アナタは満たされることになる

Feminine
Magic
Words

03

男心を
トリコにする
可愛いワガママの
伝え方

大好きな彼を簡単に幸せにする方法

皆さまに、大好きな彼のことを簡単に幸せにする方法を教えます。それはズバリ、「受けとり上手な女性」になることです。日常生活の中で男性から「持つよ」、「払うよ」、「やっておいたよ」などの申し出や報告をされた時、なんて答えていますか？

メス力の低い女性にありがちなのが「いいよ」、「大丈夫」、「自分でやるよ」、「ごめんね…」などの遠慮パターンです。

これを言われると、男性は心の中で「可愛くないなぁ〜」、「俺は頼りがいがないってことかよ」、「言わなきゃよかった。もう手助けやーめよ」などと思います。**手助けを断られると、プライドが傷つくんです。**特に最低最悪なのが「やってくれたのはいいけど、これもっとこうしておいてよ！」、「え？　ちゃんとできる？」という言葉。

これらは女性だったら許せないであろう「おまえの作るメシ、まずいな」という言葉くらい男性にとっては破壊力のある言葉なんです！

男性から何か申し出を受けたら、パッと素直に「いいの？　助かる！　お願いしていい？」からの、笑顔で「ありがとう!!　すごく助かったよ」コレが正解。この時の笑顔が見たくて、彼らは手助けを申し出ていると言っても過言ではありません。

男性たちは女性の感謝の言葉をエネルギー源にしているのです。だから女性から見るとちょっとワガママだったり、よく男性にお願いごとしている女性が、大切にされるのです。だってその子の側にいたら、自分が役立ってる感を得られて男らしい気分になり、存在意義が満たされるんですから！

逆に尽くしたりお世話したり、貢いだり養うと……男性は役立ってる感（存在意義）を感じられず、男らしさという誇りを失ってビックリするくらい性根が腐っていくんです。

遠慮がちな女性は損することはあっても得することはありません。ついつい大好きな人に嫌われたくなくって遠慮して、謙遜しちゃう。その気持ちは痛いほどわかるけれど、結果ワガママにゃんこタイプの女性に、おいしいところを持っていかれて、損してしまいます。そんな悲しいことは、もうやめましょうね。アナタの隣にいる男性の心は、アナタを幸せにしたいという想いでいっぱいなのです。

受けとり上手になって、男らしく誇らしい気分にしてあげましょう。そして男性を幸せにしてあげましょう♡　これが、「男性を立てる」ということなのです。

男性をトリコにする可愛いワガママの伝え方

ちなみに私のメス力が低かった頃の話。自分の誕生日プレゼントに彼が2万円の予算をかけてくれようとしていたら、1万8千円のモノをリクエストするタイプでした。しかしメス力の高い友人はあえて3万円のモノを「お願い♡」と可愛くリクエストし、彼が買ってくれたらめちゃくちゃ喜ぶことで達成感を与えていました。

この、ちょっと頑張る感こそが「かわいいワガママ」で「あいつはワガママだ

けど俺じゃないとダメだからさ」と男性をトリコにする秘訣なのです。皆さま遠慮している場合じゃありません！　ちょっと頑張る感をあえて仕掛けて彼を達成感でトリコにしてくださいね！

Feminine Magic

Conclusion

まとめ

◆男性から何か申し出を受けたら素直にお任せすること

◆何かをしてもらったら、笑顔で「ありがとう」が最強。モノやお金でお返しする必要は絶対にありません

◆遠慮がち&謙遜する女性は損をする

◆ちょっと頑張る感をあえて仕掛けて大げさに喜んで！　彼は達成感があるからアナタのトリコになるハズ！

Feminine Magic Words

04

「ど本命女」のデート、割り勘か？おごられか？

「私も払う」が、時に男のプライドを傷つける

よくネットでも炎上するテーマに「割り勘論争」がありますよね。ここで、どう本命として彼氏とのデートでのふるまいをおさらいします!!

彼女としての基本姿勢、間違ってませんか？　一番大切なのは、男のプライドを守ることです。

男性が「払うよ」って言ってくれているのに、女性が「私も出すよ」って言うのは、メス力的にはナシ（出すフリはしましょう。でも男性の好意を押し切ってはいけません）！　**恋愛のすべてにおいて「悪いから私も〇〇するよ」はＮＧなんです**。男性には「てか、あんたにその器ないっしょ？」って馬鹿にされたも同然なんですって。

自分の力を見くびられたとガッカリしてしまうのです。逆に「ごめん！　今日手持ちが無いから出してもらえるかな？」と、男性から言われ時は「はーい！」と出せばいいだけです。

男性にとって「ど本命」とのデートは頑張った自分へのご褒美なんです

自分がご褒美としてふさわしいふるまいをしているか、まずはそこを振り返ってみてください。

ここで世の男性たちの気持ちを想像してみましょう。

毎週金曜日には身も心もクタクタになってしまうほど疲れる毎日。理不尽な団塊世代の上司たちにマイペースな新人君。ライバル意識むき出しの同期。無理なことばかりを要求してくるクライアントなど……。

彼らはたくさんのストレスに晒されて生きています。「あ〜〜！　○○に会って笑顔見てセックスして癒されてええええ!!」。彼女に会う前の彼はこんな気持ちなんじゃないでしょうか。

それを踏まえて、自分のことを彼にとっての「ご褒美女」だと思い込んじゃい

ましょう！　そんなご褒美女のアナタに、デートで彼を癒す「メス力」を伝授します。

料理がテーブルに届いた時のキラキラした瞳。「おいし～♡」と心から思った時のくしゃくしゃな笑顔。つい口をついて出た「うまっ!!」の一言。地酒を選ぶときの好奇心に満ちた顔……。

これらのアナタの言動すべてが、彼の心を癒していきます。「このお店の内装おしゃれだね」、「店員さん気が利くね」こんなふうに小出しにお店を褒めることも、とっても大切です。そして最後は満面の笑みで「ごちそうさまぁ♡　おいしかったね！　やっぱ店選びセンスいいね。いつも本当にありがとう♡」と一言。**おごられて当然なんてそぶりのない、フレッシュな心からの「ありがとう」を何年経っても毎回伝える！　これ、最重要ですよ**。

これで彼は心身ともに生き返り、心の中で「おー喜んでる！　喜んでる！　連れてきて良かった!!　来週も頑張るぞ～～　稼ぐぞ～～!!」と実感。男性ホルモンが高まってムラムラ…（笑）となります。

こうしてご褒美女として、男心をくすぐる反応のひとつひとつが、彼のエネルギーになるんです♡

自分中心のデートだと男心を満たせません

さぁ皆さま。デートでつまらない女友達のゴシップやグチを話している場合でしょうか？　マイナス発言している場合でしょうか？　連れてきた店に対してアナタの反応がイマイチだと、彼はすべての面に対してどんどんケチくさくなりますよ。

そうは言っても、おごられることに罪悪感のある女性もいますよね。おごられることに罪悪感を感じる女性って一見、とても謙虚ですよね。でも、繰り返し言っているように「メス力」には遠慮も謙遜も必要ありません。

おごられることに罪悪感を感じる女性って、こう思っている人が多いのではないでしょうか。

「ガメツイ女だと思われて、嫌われないかな……」、「図々しい女だと思われて、結婚が遠のかないかな」など。

でも、それって結局自分のことばかり考えてるってことですよね。

そうじゃなくて、大好きな彼の気持ちを中心に考えてみましょう。「彼にとってどんな彼女だったら、仕事のハリになるかな？　癒しになるかな？」などと男性を喜ばせる反応の仕方を考えてみてくださいね！　そのためには男性心理を学ぶことが1番ですよ♡

多くの恋愛メソッドで「デートプランは彼に任せよう！」とあるのは、彼に予算を考えさせるためです。「次何がいい？」と聞かれたら、アナタは「焼き鳥に行きたい♡」などと**明確にリクエスト**してください。

そうして彼が選んだものには、絶対に文句を言わず、褒めて喜んでいればいいのです。そのお店がたとえチェーンの安い焼き鳥屋さんだったとしても、「彼は今月お金がピンチなのかも。その中でおごれるお店を探してくれたのかも」と相手の立場に立って考えてみてください。

もし彼に金欠の気配を感じたら、「公園ピクニック行きたーい♡」みたいなお金のかからないリクエストをするのもアリです。

公園で「おにぎりおいしいなぁ〜！」ってニコニコ楽しそうにしていたら、「この子はこういうのもアリなんだ」ってホッとするはずです。

でも、ひとつ注意してほしいのはお弁当に気合いをいれすぎないこと。いい妻になりますアピールと思われてしまったら逆効果！

そもそも、「ど本命」として大切にされてたら、お金のかからないデートでもなーんの不満も出ないものなんです。鎌倉あたりで、手を繋いでお散歩して、帰りに最寄り駅でラーメン食べても心はルンルンなんです。

男性の顔色をうかがうのではなく、瞳の輝きを見てください！　尽くされている時より、喜んでいる時の方がいい瞳をしていますよ。女性はついつい自分のことばかり気にしてしまうけれど、**「どういう瞬間に、彼の瞳が輝いてるか？」それをしっかり見ていかなきゃ女はダメなんですよ。**

顔色をうかがうのとは違いますよ。このニュアンスの違い、わかりますか？

キョドッて彼のご機嫌とりをするんじゃなく、「うふ♡　喜んでる♡」って感覚です。

それがご褒美女としての「メス力」です♡

ですが。最後にとても大切な大前提を書いておきます。

あなたにおごりたくない男性に、おごれオーラを出してしまうと、ガメツい女だと迷惑がられてしまいます！

要は、ここに書いていることを「ど本命」ではなく「とりあえずの彼女」の立場でやってしまうと男性から反発されるんです。「ど本命」として扱ってくれない男と付き合うと、こういうところにもモヤモヤや歪みがうまれるのですよ。まずは自分が「ど本命」なのか？　そこが第一ですからね。しっかり見極めてください。

「ど本命」でなければ、アナタが何をしたとしても男にとってはセフレ程度の感覚の存在でしかありません。そんなの無意味。そんな男はさっさと断捨離しましょう！

Feminine Magic

Conclusion

まとめ

◆おごられることに罪悪感を感じて、彼のプライドを傷つけない

◆自分がご褒美女であることを自覚して、フレッシュ感のある反応をすべし！

◆おごることに文句をいう男は即刻、断捨離すべし！

◆心から感謝をする。おごられて当然という感覚の女は人として終わってる

Column

恋に落ちたい苦しみもある

今回のコラムは小説風にお届けします。

Instagramのタイムラインに躍る#プレ花嫁#卒花嫁#プレママ#親バカ部のハッシュタグ。「あの子さぁ結婚式の写真、何枚インスタ載せるわけ？w」。既婚側にいった知人たちをスクショとともにバサバサ斬って笑ってた辛辣な友人が、ある日突然ご報告の文字とともに、赤ちゃんのエコー写真を載せていた。「はぁ？」と、思わず声が出た。そもそも彼氏がいたのも知らなかったし、着々と動いてたんだとショックだった。私も重い腰をグイッと上げて、婚活を始めた。

びっくりした。出逢う男、出逢う男、一目で「ナシ！」なタイプばかりで。その中で、10歳上のヨシオさんは人当たりが良くて、失礼なこと言わなくて、条件的には100点だった……顔以外。トキメキは無いけど結婚に恋心が欲しいなんて、いまさらワガママだよね？

これでいいんだ。これでいいんだ。自分を説得して、好きになれるところを必死に探してる自分がいる。「じゃ、そろそろ行きましょうか」。ヨシオさんはいつも通りスマートに、私がお手洗いに立った間に、お会計を済ませてくれる。一円単位で割り勘してきたあの男とは雲泥の差だ。

エレベーターの中。ヨシオさんは優しく私の手を握ってきた。キスのタイミングを窺っているのがわかる。あっ。無理。ヤバイ。私はただただ精一杯、下を向いていた。「すみません。飲み過ぎたみたいで。今日はタクシーで帰ります」。心配して送るというヨシオさんを必死に振り切り、私はタクシーに転がるように乗り込んだ。

車が発進すると、全身からチカラが抜けた。無理だわ。ヨシオさんと結婚なんてできない！！　人を好きになれないのが、こんなに苦しいなんて。さっさと恋に落ちて、トントン拍子で結婚したいのに。ゴミみたいな男にすがりついて、忘れられなくて、嫌いになりたいって泣いて。どうして今度は好きになれなくて苦しむ？

どこだよ？　私の運命の人は！　くっそおぉおぉぉっ‼　新調したモテワンピース。つま先をぎゅっと締め付ける、私にしては高めのハイヒール。すべてが虚しくバカバカしい。

それでも私には進むしか道がない。絶対幸せになってやる！！！

Feminine
Magic
Words
05

しっかり者の女がモテる隙の見せ方

恋愛で損な役回りが多いしっかり者を卒業しよう！

見た目も綺麗で会話もバッチリの、しっかりした雰囲気の女性。

そんな完璧すぎる女性は隙がなく見られます。

でも、これってけっして短所ではないと思うのです。

そういう女性の持つ、キチンとした雰囲気はそのままに、ギャップを魅せる武器として、活かしましょう♡

女の隙はプロデュースできます。

ここでは、しっかり者で気遣いするタイプの、いわゆる〝隙がない〟女性向けに書いてみます。

はっきりいって、しっかり者に見える女性は損をしがちです。なぜなら、男性の庇護欲をかきたてないからです。私も昔はふにゃふにゃした子に「メリ子さん本当に頼れる〜」なんて男性の前で、引き立て役にされていました。

飲み会へ行っても、「あ、あの人グラス空いた」、「料理取り分けなきゃ！　えーとサラダのエビは人数分あるかな？」、「あの人全然話してないから、話しかけて盛り上げなきゃ！」と、自然と仕切りだしてしまう。

会話も相手が不快にならないように、言葉を選んで……そんなことをしてるから飲み会が終わるとドッと疲れる。

私もこれやっちゃうタイプだったからわかります。こういう女って同性にはありがたがられても、異性からは仕切り屋の出しゃばりと思われて、何にもいいことありません（笑）。

素が見えない女性に男性は隙を感じない

私はデートや出会いの場で、「女性特有のネガティブ発言は控えて、ポジティブ反応に力をいれよ！」ということをいつも書いてます。プラス、自然体な自分らしさを出していかなきゃ、男性は隙を感じられず、「恋」に繋がりません。

「え〜〜！　自分らしくしつつネガ発言しないで、ポジな反応って、難しくない?!」と思ったアナタ。いいえ。案外カンタンに慣れますよ！

例えば、アナタの職場にお客様が来店したら、ごく自然に「いらっしゃいませ〜」って言えるでしょう？　それと同じように考えると、すぐ身につきます。超簡単に要約すると、人の悪口、愚痴、ジメジメした話をせず、**相手の話に、いい反応をして、アナタらしく冗談を言ったりするだけです**。

まず、飲み会やデートでの自分が頑張らなきゃ精神をやめましょう！

無理して盛り上げようとせず、料理の取り分けや、空いているグラスを目ざとく探したり、話してない人に必死に話しかけたり……。そういうことはほどほどにする！

話していない人には、目が合ったら「ニコ」これだけで相手はホッとします。そして、「素を見せろ」と言われたところで、「どーやって見せるんだろう（涙）」ってパニくっちゃうのがこのタイプです。もちろん、素を出すといっても、すべてをさらけ出す必要はありません！

「素」を反応に織り交ぜればいいのです。

いつも丁寧できちんとしているアナタの、「ウソ〜！」って笑ってる顔や「えっ本当に⁉」と驚いた顔、「スゴイ！」の一言など。

しっかり者が活きるギャップを武器にする

そして、裏ワザですが時にはあざとい素風の反応も必要ですよ。褒められた時、両手でほっぺたを覆って、「やめてください。もーあつい」と、照れる顔。どうでもいい言葉を言い間違えて、突っ込ませて照れたりね。

でも女性がいる前だと「なにあいつ？　あざと！」って嫌われるからほどほどに。

狙った男性の前なら、しっかり者の女性ほど、どんどん天然風なヌケてる部分を出さなきゃ。「この子、隙が無さそうだと思ってたけど…仲良くなったらキャラ違いそう。もっと知りたい…♡」

ギャップをチラ見せして男心をくすぐるのが隙なんです！　これが効果てきめんなのは、アナタにデキる女オーラがあるからこそです‼

20代の頃、モデル仲間にクール系美人がいました。一見取っつきにくそうなんだけど、初対面の「はじめまして〜！」のひとこと。くしゃ〜♡　と笑顔がトロけるの。

一発で男女問わず悩殺するんですよ（笑）。クール系、しっかり者のアナタこそ、くしゃっとした笑顔を、磨いてください!! 笑顔を制するものは、男心を制する！

と言っても過言じゃないですよ。一目惚れされる確率が、爆発的に上がります、真面目に。

余裕のある女性は、自分からがっつかず隙を魅せて男性を誘い込むのですよ♡

Feminine Magic

Conclusion

まとめ

◆しっかり者は仕切り屋に見えて敬遠される！
頑張らない勇気を持つこと

◆自分の素のリアクションをチラ見せすること

◆必殺笑顔を磨くこと

◆あざといリアクションを好きな人の前で見せて
ギャップでドキッとさせるべし

Feminine Magic

Chapter

3

感情に
振り回される女を
卒業する
「メス力」

Feminine
Magic
Words
01

せっかくの愛を
ぶち壊す！
「ど本命
クラッシャー」

男心を無自覚に踏みにじり、愛を壊してきた私たち

今までの恋愛でこんな経験はありませんか？

・彼から熱烈に押されて交際がはじまった
・半年～1年はチヤホヤされて、大恋愛だった
・最初からお互い結婚を意識していた
・それなのに彼の自分への扱いが、だんだんと雑に変わっていった
・彼の口調がキツくなったり、態度が上からになった
・彼があらゆることに無気力・無口になった
・最初の頃との扱いの差が泣けるほどヒドイ

最終的に彼との結婚が見えなくなって、愛想をつかし別れることになったり、彼から別れを切りだされてしまう……。

「ホント男って優しいのは最初だけ！」、「やっぱり男は捕まえた魚にエサはあげないね」そんな風に感じたことがあるアナタは、「ど本命クラッシャー」かもし

れません。

「ど本命クラッシャー」とは、せっかく「ど本命」と巡りあえても、男心を逆なでしたり、踏みにじるふるまいをして、愛を壊してしまう女性のことです。

何を隠そう、私も昔は「ど本命クラッシャー」でした。せっかく「ど本命」と巡りあって、大切にしてもらってラブラブ絶好調だったのに、これから紹介する、「口が達者で男を追いつめるモンスター女」をやらかしたことによって、男心を踏みにじり、愛をぶち壊しにした上に、「男なんてさ、ホント最初だけだよ！優しいの」なんて、ビール片手にしたり顔で語っていたのです（恥）。

あの頃の自分に会って伝えたい。「アンタいい女ぶってるけど、自分が一番やらかしてるぞ‼」と。

ほとんどの女性は、2つのパターンの「ど本命クラッシャー」に分類されます

①自分がない女

男性は縦社会のイキモノ。自分より格下だと判断した相手には、無意識レベルで扱いがキツくなります。

嫌われたくない気持ちから、なんでも彼に合わせて「媚びる女」になってしまったり、あれこれお母さんのように世話を焼いて「尽くす女」になったり、「もうこれが最後の恋なの」と彼と結婚したいがために、自分の人生を投げすてて「一途な女」アピールをしたり……。

男性は、こういう「自分がない女」にはリスペクトの気持ちがわかず、むしろ生理的にイライラしてしまいます（媚びてくる女って同性でもイラッとしませんか?）。その結果、「冷酷な俺様スイッチ」を知らず知らずのうちに押してしまうことになり、彼から思いやりのない対応をされるようになって、心を傷つけられてしまうことになるのです。

②口が達者で男を追いつめるモンスター女

気が強く、物事の白黒をはっきりつけたくて会話の矛盾点をしつこくついたり、または「アナタのためだから」と言って、彼にあれこれ変えるように命令したり、ケンカとなれば、もう終わったはずの過去のケンカの内容を今のケンカの内容に「前もそうだったよね?!」とこじつけて、そして彼の性格から想像した妄想を「きっとアナタはこうする!」と決めつけて、コトバ巧みに口撃するモンスター女も「ど本命クラッシャー」です。

血の気が多いタイプの彼の場合、ケンカになったらお互いの人格をズタボロに傷つけあうことになります。優しいタイプの彼の場合は、無言を決めこみ(これ、優しい彼だからこそ、プツンとキレてアナタに手を上げてしまわないようにスイッチを切っているのです!)、だんだん自分の殻に閉じこもるようになり、無口で無気力になっていきます。

モンスター女タイプは、男性のプライドを知らず知らず傷つけてしまい、最終的には愛されなくなります。

たくさん愛情を注いでくれるアナタの運命の人と「ど本命婚」できたとしても、「ど本命クラッシャー」に豹変してしまうと、せっかく掴んだ幸せを自分で破綻させてしまうのです(はい、私のことでした……)。

自分の心の整え方も「メス力」のひとつ！

実はどちらのタイプも悩みの根っこは同じ。「彼が私にさめちゃったらどうしよう？」、「浮気されたらどうしよう？」、「この人と結婚できなかったらどうしよう？」、「男女の愛は3年なんでしょ？」、「男は名前をつけて別のフォルダに保存？元カノに未練あるのかな？」……こういう不安な気持ちや嫉妬心、自信の無さからくる、ネガティブな感情を勝手にふくらませて、それが「ど本命クラッシャー」としてふるまいに出てしまっているのです。

「ど本命」のつかまえ方と同時に、自分の心の整え方のコツを掴んで、愛を育む術を身に付けていただければと思います。

何事も、やり続けると習慣になって性格が変わる。「メス力」だってそう！「自分の性格なんて変えられないよ！」と思われるかもしれませんが、感情的でヒステリーを起こし、口まで達者で男をトコトン追いつめて破滅の恋愛をたどってきた、元祖モンスター女である私自身が、今では別人のように変われたので、コツさえ知っていればできるようになります。安心してください。

そのコツさえ掴んでしまえば、アナタのもともと持っている魅力がキラリと光りだします。雲が消えると、夜空に星がキラキラ輝くように……。

幸せなはずなのに、つぎつぎと不安を見つけてしまい、苦しくなるアナタにとって「メス力」は恋愛地獄、婚活疲れから脱け出し、幸せを掴んで愛され続けるヒントになるはずです。

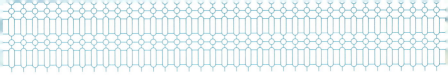

Feminine Magic

Conclusion

まとめ

◆女性のほとんどが「自分がない女」、「口が達者で男を追いつめるモンスター女」この2つの「ど本命クラッシャー」に分類される

◆自分がどのタイプか知って心の整え方のコツを掴めば恋愛はうまくいく

Feminine Magic Words

02

彼がアナタに手抜きする「丸投げ男」に変わった理由

デートすら企画してくれない彼にイライラしているアナタへ

「最初の頃と比べて彼が引っ張ってくれないんです」、「イベントも無関心で」、「エッチの内容も手抜きで……」。ちょっと待って。アナタ自身が、彼を彼女に無関心な丸投げ男に育てていませんか？

いつでもなんでもかんでも、「どっちでもいいよー☆」な男性。この丸投げ男を優しいとは言いません。事実、アナタ自身がむなしさを感じているはずです。

この手の人と結婚することになったら。結婚式のこと、育児、家事、介護、家族との付き合いなど、ぜーんぶ「メリ子決めといて☆」ってぽーんっと全部丸投げされます。

なんでも任せてくれるのって、負担から逃げているだけなんです。本当に優しい男っていうのはね、アナタが困ってる時、落ちてる時に支えてくれたり、精神的に引き上げてくれて、面倒なことにも付き合ってくれるはずですよ‼

丸投げしてくる、その裏には、「俺は無関係だから、責任取らないよ！」とい

う意味があるのです。

男性を丸投げ男に育てる女性の話し方があることをご存じですか？

よくある光景で説明します。

女「今日のランチなににする？　私、何でもいいよー」
男「中華は？」
女「えー中華って気分じゃなーい」
男「なんでもいいんじゃないの？」
女「中華はちがーう」
男「じゃあイタリアンにしたら？」
女「うーんでもぉ……」
男「……」

こういうやり取りを繰り返していると、男性はこの子に意見したら、否定されて嫌な気持ちになるから、もう意見言わんでいいや〜と思うようになります。
その結果が「どっちでもいいんじゃない？」という言葉に変わり、丸投げ男が育ち始めるのです。

否定的な言葉は男性のやる気をどんどん削ぐのです。女性は、特に気心が知れた間柄になると、自分の頭に浮かんだ言葉を感情に任せてだらだら垂れ流す傾向にあります。

でもこれって、同性の親友や身内だけに許される会話。理論的思考の男性には「ウザい」、「意味不明」、「うるさい」、「俺様に敬意がない」と思われるのでやめましょう！

しかも、アナタに対して丸投げ男になってしまった結果、当然エッチの内容まで手抜きになります。だって、アナタを悦ばせようとする気持ちが無いのですから。

丸投げ男にしないためには、アナタが本当にどちらでもいいことは決定権を譲って決めてもらいましょう。そして「決めてもらってよかったぁ♡」と、喜んであ

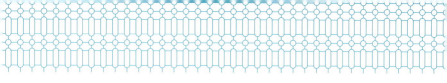

げると、彼のやる気がメキメキ育つんです♡

女性の言動や態度ひとつで男性の反応は変わります。私たちが考えるよりずっとずっと単純なんです。相手を変えるより、自分が変わった方が早いのです。

Feminine Magic

Conclusion

まとめ

◆丸投げ男は優しいのではなく、無責任。アナタのピンチにも「頑張れ～」と言ってスルーする彼になります

◆否定的な言葉は男性のやる気をどんどん削ぐ

◆まずは自分が否定的な言葉を使わないように変わること。そうすれば男性のアナタを喜ばせたい気持ちをキープできます

Feminine
Magic
Words
03

心配症女の「大丈夫？」が彼を自信喪失させるワケ

女性の不安や心配は男性に伝染する

男性というのは、女性が考えるよりもずっとずっとシンプルな思考回路です。そして女性の鏡のような面があります。「○○君、大丈夫？　本当に大丈夫？？」と不安な顔ばかり見せていると、「俺、本当に大丈夫かな……？」、「こんな俺に結婚して家庭を持つ資格あるのかな……？」、「この人のこと幸せにできないかもなぁ」、「あんな不安な顔をして……」と不安が連動して、自信喪失してしまうのです。

男性が何かしてくれようとしてる時、「大丈夫？」、「無理しないで」という言葉は必要ないのです（女性はやりがち）。相手に任せて、受け取り、喜んでいれば相手は心から満足するのです。だから、受け取り上手な女性は愛されるのです。

彼女の不安顔＝彼の自信喪失になります。男性は一般的に彼女や妻の不安な表情、不幸せそうな姿を見ると、自分が責められていると受け取って心を閉ざします。男性とは直接関係ないことで悩んでいてもです。

女性は、先の先の先の先のことまで想像して心配になって、不安に駆られて相手にぶつけます（主に妊娠、出産、育児やそれにかかるお金のこと）。

婚約やプロポーズの時に湧き上がる彼のロマンティックな気持ちに、「本当に大丈夫？　お金は大丈夫？」、「将来のことしっかり考えてるの？」などと、現実を突きつけてぶち壊してしまわないように。

アナタが望む「安心できる将来（現実）」は男性のロマンティックな気持ちを尊重し、壊さないことによって、手に入ります。彼にとってアナタを幸せにすることが一番心が満たされることになるからです。

解決の糸口はいつでもシンプルなんです♡

彼女が悲しそう

↓

俺が幸せにしてあげられないからだ……（自信喪失）

彼女が幸せそう
↓
俺は幸せにしてあげられるんだ（自信回復）！

難しく考えなくてもいいの。心配症の自分とはサヨナラして、どしっと彼を信じて構えて、受け取り上手になりましょう！

Feminine Magic

Conclusion

まとめ

◆彼女の不安顔＝彼の自信喪失

◆「大丈夫？」は彼のロマンティックな気持ちを壊す

◆彼を信じていれば望む未来が手に入る

Column

沈黙は金なり

思い起こせば、1●年前。私のことをとっても可愛がってくれる、うんと年上のお姉様がいました。知識も豊富で、会話も面白くて、女らしくて、夫婦円満で憧れの恋人夫婦♡　色んなことを学ばせてもらいました。

そんなある日、私の婚約が決まってそのお姉様に「プロポーズされたよー！　婚約指輪用意してくれてるみたい！」って報告したんです。ところが、お姉さまからきた返信は……「おめでとう。あなたのお腹とお部屋に黒い影が見えます。その結婚はうまくいかないでしょう」。あまりにもびっくりしすぎて何も返信できず。

そこからよ。関係がおかしくなったのは。女子会でも私が自分で言うより先に「メリが婚約したってー」「婚約指輪もらうらしいんだけど、多分こーんな小さいヤツだから（人差し指と親指で2ミリくらい作って）、みんな期待してあげないでね♪」なんて言うワケ。余計なお世話だし、超失礼じゃね？

ところがね、頂いた婚約指輪が立派なモノだったのよ。お姉様の旦那様を交えて会う機会があって、つけて行ったの。すると、「見て！！　この子ったらこんな指輪を買わせて！」って私に絡みだしたお姉さま。そこへ「あの時、君に買ってあげられなくてゴメンね……」って彼女の旦那様がぽつり。

えっ まさか、嫉妬だったんかい！！　セレブなラブラブご夫婦だったから、まさかそこで嫉妬されるなんて少しも予測してなかった。だからこそ婚約もお姉さまに一番に報告したし。

しかもその後、私の婚約者にお姉様自身の下着姿の写メなどを送られる事件が発生して、お付き合いを辞めました（笑）。今じゃ笑い話だけど、当時ははらわた煮えくりかえったわよ！

人間の嫉妬心って、ともすれば逆恨みにまでなって本当に厄介。幸せな時ってさ、何も言わないでもただでさえダダ漏れちゃうのにわざわざ自慢するモノではないのよね。自慢しいの人って勇気あるわよね（笑）。ラブラブアピールとかしてる子のこと、陰で足引っ張る人とか見かけるから本当に皆さま要注意よ！　幸せな時こそ「沈黙は金なり」なのです！

Feminine
Magic
Words
04

感情に振り回される女は「めんどくせえ」と引かれる

私達はなぜこんなに「めんどくさい女」になってしまうの？

恋愛中の女性のうち、約9割が発症する病があるのを知っていますか？

その病気の名前は「めんどくさい女病」です。症状は、ヒステリーや勘ぐり、束縛、泣く、試し行為、問い詰める、ネトスト（ネットストーキング）、カマかけなどなど。

「彼を他の女にとられちゃうかも」と勘ぐり、束縛し、ネトストする。その結果、「私と結婚する気がないに違いない！」とヒスり、問い詰め、泣きわめく。

その都度、男性は心の中でこう叫んでいます。「マジでコイツめんどくせぇ！」

でもね、ハッキリ言って、「めんどくさい女病」は女性あるあるなの。

恥じることはないのです！　そもそも、なぜ女性はこんなにも疑い深いのか。

太古の昔、女性は自立することが困難でした。結婚制度なんてありゃしませんし。

「他にオンナみーつけた♪」って心変わりされて、家に帰ってこなくなったら、子どももろとも飢え死にしちゃう！　だから、疑い深いし束縛も激しいし結婚に執着もするのです。

一方、男性はなによりも自由を愛する生き物。ヒスるめんどくさい女性は無意識に「俺様の自由を侵害する敵」とみなします。そういう女性のことは愛することができません。

せっかくど本命と巡り合ってもアナタがめんどくさい病を発症している限り、「ど本命クラッシャー」し続けてしまいます。アナタの行動が、せっかくの彼の恋心を、こっぱみじんに破壊しているのです！　えらそうに言っていますが、当然私にも心当たりがありまくりです！（苦笑）

「めんどくさい女病」を自分でコントロールするコツをつかめば恋愛はうまくいく

じゃあ、どうしたらのいいのか。自分のめんどくさい一面を、うまくコントロールする術を身につけること。これに尽きます。そうすると、恋愛がびっくりするほどうまくいくようになるのです。

この、面倒くさい自分を抑える術＝メス力でもあります。方法は簡単。イライラしたり、悶々としている時に、ひと呼吸おいて、自分を客観的に見つめること。そうすると「ヤバ！　今、確実に変な被害妄想スイッチ入ってる」、「彼にイヤミ言うとこだった！」、「もしかして、ＰＭＳ……？」なんてハッと気がついて、自分を抑えることができます。これを地道に繰り返していくことです。

そして裏ワザをもう１つ！　スマホのメモ帳などに、彼がしてくれた嬉しいことや、その時の気持ちをこまめにメモしておきましょう！　イライラして彼に「めんどくさい女病」をぶつけそうになったらそれを見返すのです。

思考は癖です！　やり続けることで、面倒くさい思考回路をかなり改善できてアナタ自身も前向きになれるのです。

行動あるのみ。

今、この瞬間から実行しましょう！

Feminine Magic

Conclusion

まとめ

◆「めんどくさい女病」は女性あるある。恥じることはない

◆男性はなによりも自由を愛する生き物のため、ヒスるめんどくさい女性は「自由を侵害する敵」とみなす

◆自分の面倒くさい一面をうまくたしなめる術を身に付けると、恋愛がびっくりするほどうまくいくようになる

◆彼との嬉しい思い出をこまめにメモしておいて、イラついたり不安になったら見返して、心を落ち着けるべし！

Column

男選びは自分のコンプレックスを映す鏡です

皆さま、失恋した後に「ひとり反省会」していますでしょうか（自分が冷めて振った時も含む）？　なぜあの男を選んでしまったのか？　しっかり自分と向き合わなくては、失敗を生かせません。例えば、「真剣に向き合ってくれない男を選ぶ」、「相手から来られると冷める」という人、多いですよね。こういうタイプの人は自己肯定感が低くて「こんな私に惚れてくる男なんてどんだけレベル低いの！　あり得ない」と、受け付けられないんだそう。だから、追いかける恋愛ばかりして、相手が振り向くとスーッと冷める。

「私って自己肯定感が低いかも……」こう気がつけたら、そこからさらに一段階も二段階も掘り下げていきましょう。だいたいが、幼少期の辛かったことに突き当たると思うのです。

親に植えつけられた、「アンタはバカな子だからねぇ」、「お姉ちゃんなんだから！　ガマンしなさい！」みたいな言葉にとらわれた心を、少しずつ振り切っていくのです。「私にもデキル!!　人生まだまだま〜〜だまだ長い！　これからは前向きに生きるぞ!!」

そう決意するんです。男選びは自分のコンプレックスを映す鏡です。

これはうまくいかない恋愛の時ほど、強く反映されます。「なぜおクズ様を選んだのか？」それをじっくりと掘り下げた時、アナタ自身のコンプレックスが浮きぼりになって、自分の心の傷を癒すポイントを発見することができます。

自分を愛せなくて苦しんでいる人は、多いと思います。愛し方がわからない人も。自分のコンプレックスをぎゅっと引き受けて、いい子いい子してあげてください。人は自分の長所を愛された時より、短所を受け入れられた時に癒されます。それを自分自身でするのですよ。

それができた時、やっと恋愛地獄のスパイラルから自分の力で抜け出せ、やっとあのセリフを言うことができるのです。「おクズ様。踏み台になってくれてありがとう。アナタのおかげで私幸せ掴めそう」

Feminine Magic Words
05

男はお節介を焼かれると「見下されている」と傷つく

彼に指図をすると、アナタへの愛情が冷める理由！

「アナタのためを思って」

この言葉ってホント厄介だと思います。女性は本気で相手のためだと思って、自分が行動してると信じているけれど、本当にそうでしょうか。

もしも憧れの芸能人と付き合うことになったら、アレコレ指図しますか？　絶対、絶対、絶対しないですよね？　これが「メス力」で言う敬意なんです。

きっと彼に対してアレコレ言ってしまうのって、「大好き！　結婚したい！」、「結婚するならここは変わってほしいし、それが彼のためになるはず」……そういう気持ちからですよね。

でも彼に指図する時点で、アナタは自分でも気がついていないほどナチュラルに、彼を下に見ているんです。「ほらメリ男くん！　そんなんじゃいい旦那になれないよ。会社でも出世できないよ‼」と。こういうのって男性からしたら、超絶余計なお世話です。

バカにされて、ナメられてるって捉えてしまうんです。

彼が完璧じゃないと愛せないですか？

例えば彼が女性の扱い方をよくわかっていなくて失礼な言動をした時には、「それはやめて」ってハッキリ伝えた方がいい。モラルに欠けた言動には、「それは違うよ」って伝えた方がいいんです。

でも、彼の生活習慣や性格を変えようとした時点で関係が悪化すると心得てください。アナタは「あれやめて」、「これやめて」って言うために恋愛してるのですか？

逆に、「完璧にならなければ愛せない」と彼に言われたらどうですか？

そもそもアナタに惚れていれば、彼は勝手に変わります。

指図せず、お願いして感謝するのが
彼に変わってもらう唯一の方法

「彼にタバコをやめてほしい」という相談が、最近インスタグラムによく届きます。タバコをやめることを彼に約束させたのに、相手が陰でコソコソ吸ってるのを知ってブチ切れるって話、とてもたくさん聞きます。

でも、タバコは依存性がとっても高い嗜好品。私たちが思うほど簡単にはやめられないんです（ギャンブルやお酒も）。

私なら「煙がニガテだから、目の前では吸わないで欲しいな」ってお願いします。けっして、「タバコをやめてよ」とは指図しません。そして、彼が外でタバコを吸ってきたら「気を使ってくれてありがとう」の言葉も忘れずに添えます。

お願いと感謝のセットを続けていれば、彼は強制感を感じないので、変わってくれるかもしれません。

どうしてもタバコがダメ!!
どうしてもお酒がダメ!!
どうしてもギャンブルがダメ!!

もし、こういうポリシーがあるなら、どんなに好きでもこういう男性とは付き合わないことが1番です。だから私はタバコを吸う人とギャンブルをする人とは、お付き合いしません。

絶対に譲れないポイントを自分の中で明確にして（多すぎはアカン！　笑）、それ以外は「ま、いっか」の精神でゆるゆると流しましょう。それに相手もアナタに我慢していることの1つや2つ、あるはずです。

愛されない「お節介女」をやめる方法

ではアレコレ言うのをやめるにはどうしたらいいのか？　ついひとこと多い、愛されないお節介女はさっさとやめたいですよね。勝気で、口で言い負かしたい性格、どうにかしたいですよね。

その気持ち、めちゃくちゃ分かります。私もその昔「愛されないお節介女」だったから。では私が、どうやって「愛されないお節介女」をやめられたのか。私の方が正しい、私の方が賢いというおごった気持ちが、幸せを遠ざけていたと気がついたからです。なんにもメリットがないので、やめることにしました（笑）。
具体的な方法は、相手の言動にミスがないかいちいち目を光らせるのをやめることです。そして、相手がしてくれたこと、相手のいいところに、焦点を合わせてみてください。

「愛されないお節介女」はチェック魔なんです。このタイプはチェックするポイントを強制的に変えてしまうのが1番簡単なんです。

でも大丈夫。チェックポイントは変えられます!! だってこの元祖ど本命クラッシャー、神崎メリが変わったんですから（笑）！

それに相手の言動に目を光らせていると、自分もすごくストレスがたまるんです。

「私には無理（泣）」なんて決めつけずに、やってみてほしいんです。人間は何度でも変われます。相手を変えるより、まずは自分です。もっと楽になりましょうよ。もっといい感じにテキトーでいいんです。

「2人の仲がよければ、他のことはどうでもいい」。それくらいどーんと構えていて大丈夫なんです。

Feminine Magic
Conclusion

まとめ

◆彼に指図する時点で、ナチュラルに彼を下に見ている

◆絶対に譲れないポイントを自分の中で明確にして、それ以外のことには「ま、いっか！」とこだわりすぎないようにする

◆相手の言動にミスがないかいちいち目を光らせるのをやめ、相手のよい所に目を向けてみる

◆変わって欲しい部分には、お願いと感謝をセットにして伝える。強制感・指図感を出さないのがポイント

◆元祖ど本命クラッシャーの私（神崎メリ）でも変われた。まずは行動してみること！

Column

打算婚は心が壊れる。その理由

人間の原始的な本能。それは愛です。子どもは親からの愛を信頼し、すべてを委ねます。親から愛を与えられないと、人格に重大な影響が出るのです。

人をだまして、嘘をついて平気で生きている人はすさんだ瞳をしています。人をだまし、信頼を裏切る行為は一種の自傷行為と変わりありません。自分自身の大切な部分、愛と信頼を踏みにじっているのと同じなのですから。その時、胸の奥で感じる後ろめたさは心に突き刺さるナイフとなります。

そのナイフは、人間の良いところである優しさや寛容さなどを削り落とし、人格が歪んでいくのです。かと言って、仕事や他人との付き合いで、愛と信頼のみをベースにふるまうことは困難なのも事実。ある程度、計算をしてふるまわないといいように利用されてしまいます。

でも常に損しないように注意を払い立ちふるまっていると心が疲弊し、人によってはバランスを崩して人間不信に陥ります。もちろん社会生活を営む上で、ある程度の打算は仕方のないこと。

とはいえ、打算でパートナーを選び、愛しあえず信頼できないと、アナタの心はどこでホッとするのでしょうか？　常に心は休まることがなく、砂漠をさまようような愛に渇いた日々が続くだけです。夫婦関係という、既婚人生の土台がグラグラしていると、さらなる人生の苦しみが生まれるだけ。靴ズレをおこすパンプス（夫婦関係）で人生という山を登るような、拷問に苦しみを味わうことになるのです。

いずれ結婚をしたいと願うアナタへ。アナタの人生を豊かにするため、「ど本命婚」を目指しましょう。夫はなによりもアナタを大切にし、その姿にアナタも自然と感謝する。外で嫌なことがあったとしても、家庭に戻れば笑いあって「一人じゃないっていいな」と力が湧いてくる。結婚したいなら、そのような結婚を目指しましょうね。

どうか目先の快楽に惑わされず「自分の人生にとって大切な事は何か？」を振り返ってみてください。

Feminine
Magic
Words
06

100回の「愛してる」より10回の「尊敬してる」に男心は揺さぶられる

正しく男性に愛情表現してますか？

100回の「愛してる」より10回の「尊敬してる」に男性はグッときます。「凄いね！　尊敬する！」と敬意のこもったまなざしで言ってくれた女性のその顔を、ずっとお守りのように大切にします。

だから女性の喜ぶ「大好きだよ、可愛いね」を男性が喜ぶように翻訳すると「大好きだよ、可愛いね」＝「すごいね！　尊敬する」になるのです。

過去の自分を振り返り、たくさんの女性を見てきて思うこと。

好き好きアピールは得意だけど、尊敬してるよアピールができている人は少ない。というか、「尊敬していることを伝える」ことの価値や重要性に気がついてない人が多いんです。

彼氏にごはんを作ってあげたり、毎日、まるで日記のようにＬＩＮＥで自分のことを報告したり……。でも、彼氏が何かしてくれようとしたら「いいよ、悪いから」と遠慮して、してもらったこと以上のお返しをする。

「ガメつくない誠実な私」を見せることが、愛情表現だと勘違いして、やり続けた結果、早々に飽きられる。男性は「いい女」は好きだけど、「いい子」にはドキドキしないの。尽くしがいのない女だから。じゃあ、どうしたらいいのか？

ここから、それを説明していきます。

尽くすことで実は男性のプライドを傷つけている⁉

男性は狩りをして妻に褒めたたえられ、王様のように尊敬されると「俺の力で、もっともっと妻や家族を幸せにしたい」と腹の底から力がみなぎるもの。そして、責任感を持つようになるのです。

狩り＝命をかける行為。実は男性って、究極の尽くし体質なんです。彼のしてくれているすべてのことは、アナタへの愛情表現なの。ちゃんと気がついて受け取って、喜んでいますか？

彼にとって尽くしがいのある、力が湧いてくるような存在になっていますか？

遠慮したり、逆に尽くして彼を「俺は尊敬に値しない無力なオスなんだ……」と傷つけていませんか？

男性を幸せにするために女性がすべきことは簡単です。

・絶対に尽くさない。
・彼がしてくれる以上のことを与えない。
・与えられたことには、心から喜ぶ。
・彼に敬意を払う。

一見受け身でマグロっぽい？　とんでもない、彼に対してピッチピチに反応してみせる鮮魚よ（笑）。

すべてにおいて、男性は「与える側」、女性は「受け取る側」。これを念頭に入れておいてくださいね。男性に遠慮はいりません。私たちは受容性をぱぁっと咲かせて、ちょっぴりワガママで喜び上手で、愛されて生きればいいのです。

それが、男女がお互い幸せになる秘訣です♡

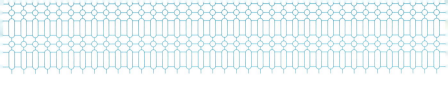

だからね。もしもアナタがお世話したりお金を出したり、尽くしてあげないと関係が終わってしまうとしたら。

アナタは利用されているだけです。尽くすという行為をやめた時、男性の本音が見えてくるはずです。

Feminine Magic

Conclusion

まとめ

◆本当の意味で尽くすということは、男性のしてくれたことに感謝と尊敬を示して男性に「俺ってスゴイヤツ！」と自信をつけさせてあげること

◆尽くされると男性は無力感を感じてしまい、しかもつけ上がるので要注意

Feminine
Magic
Words
07

男性が感じる女らしさと女性が勘違いしてる女らしさ

女らしさは恋愛の一番の武器！　ちゃんと磨けてますか？

さて皆さま。恋愛において、女らしさとは言わずもがな一番の武器です。しかし**私たち女性が思っている女らしさと、男性が感じる女らしさには大きなギャップがあります**。その差を改めて整理して、「メス力」のひとつとして、女らしさを磨き上げましょう！

他の女性と比べて、「この子、女らしいな！」と男性が感じるポイント

・無駄にガンコではなく「いいよ！」と快諾できる柔軟性がある（男性は女性のカラダだけではなく、心の柔らかさに惹かれるものです）。
・自然や芸術に感動するピュアさがある（年を重ねると感動より、まず批判的になる女性が増えます）。
・キンキンに声を張って反論せず、タイミングを見て冷静に話すことができる（ど

んなに美人でもヒスっている表情は怪物に見えます）。
・多少のことは「ま、いっか♪」と流せる（男性こそ実は細かいことにウジウジしています。サラッとした女性の姿に肩の荷が下りてホッとするのです）。
・話す時にマシンガン系ではなく、間をとれる（間こそが、想像力をかき立てられ、色気につながります）。
・感情のままキレたり、叱り飛ばさず「それは私が傷つくからやめて欲しい」と、相手を責めず自分を主語にできる（その言い方に優しさと思いやりを感じて、素直に反省しなきゃと感じます）。
・「もうバカじゃん♡」、「ダ〜メ！」など、ちょっぴり色気のある雰囲気で叱ってくることがある（鼻の下伸ばしながら、言うこときいてしまうぜ……）。
・「もういい！」となっても男性が謝ればすぐに受けいれる（男性は女性より謝罪が苦手なもの。謝罪を突っぱねられると、謝らない男に成長します）。
・「謝ってくれてありがとう、私もゴメンね」と、感謝し、反省すらできる（寛容さに感動し、二度と同じことはやめようと気をつけます）。
・過去のことを引っ張り出さない、責めない、思い出してメソメソ泣かない（ネチネチしていて、めんどくさく感じてしまう）。
・ちょっとしたことでも嬉しがる（もっと喜ぶ顔が見たいと尽くしたくなる）。
・人前で彼をディスらない！　恥をかかせない！（プライドを傷つけられると、気持ちが冷めます）。
・清潔（男性にとって女性は神聖なものです。不潔な女性には幻滅します）。
・ものを大切に扱う（丁寧さの中に女らしさを感じます）。
・批判的な性格をしていない（こういう女性には「俺も言われてそう」と、構えてしまいます）。
・いくつになっても素直さがあり、気難しさがない（女性の素直さこそが、隙なのです！　気難しい女性に隙はないので、恋心が芽生えません）。
・自分より若い子やキレイな人の欠点を見つけて、ドヤ顔で報告しない（男性は他の女性を批判しているのを聞くと、ヒガんでいると捉えます。たとえ言われてる女性がくせ者でも！）。
・口調が柔らかい、ときに甘えん坊（庇護欲がくすぐられ抱きしめたくなります）。
・恥じらいがある（恥じらいがある女性をもっと知りたいと思います。隠されると見たくなるチラリズム精神です）。

女らしさとは、ズバリ恥じらいです！

女らしさというのは結局、最後の「恥じらい」に集約されます。この「恥じらい」について、勘違いしている方が多いので簡単に説明しますが、彼の目の前で着替えない、メイクをしている姿を見せない、エッチの時に、裸を見せないよう「電気消して！」とお願いするとか、そんな薄っぺらいことではないのです。

嫉妬深く、批判的で、時に感情にまかせてヒステリーをおこし、相手の失敗をネチネチつつき、ぐずぐず泣いて遠回しに責めたり……。

私たち女性が誰でも持っている「ど本命クラッシャー」になりうる一面を「こんな所、好きな人には見せられないわ♪」と、ふわっとした柔らかさで秘める姿こそが、「恥じらい」なのです。

片想い中の大好きな人・憧れの芸能人の前では、さらけ出せないふるまいだと、想像してみてください。

アナタの周りにこんな「メス力」の低いお局さまはいませんか？

自分が一番に扱われないとへそを曲げ、男性同期を目の敵にし、人前でバカにした口調で批判。女性社員にはイヤミを言わずにおれず、イケメン社員には奇妙な裏声で女の部分をさらけ出す。１００％自分が悪くても絶対に謝らないくせに、他人のミスは細かいところまで、まるで取り調べ中の刑事みたいに厳しく追及。

男性選びは、常に謎の超絶上から目線。「アンタは女優さまか？」とツッコミを入れずにはいられない勘違いした立ち位置から厳しい意見を並べる……。

お局さまタイプは男性からしたら、壮絶なほど恥じらいを捨てています。どんなに顔がキレイでも、「関わりたくない」の一言に尽きるでしょう。

彼に素直になれない「メス力」の低い彼女になっていませんか？

口ゲンカで彼に負けることが許せず、あらゆる表現で自分の気持ちがすっきりするまで相手を批判。彼が謝ってもシカトして突っぱねたり、ご機嫌伺いには、イヤミでチクリ！　共通の友達との飲み会で、その時のケンカエピソードを「彼ひどくな〜い？」と発表。

彼からのちょっとした優しさには、なぜか照れくさくて素直に「ありがとう」が言えず、なんでもないような顔をしてしまう……。このようなふるまいをすることが、男性からどう見えているのか？　逃げずに想像してみてください。彼の恋心はスーッと冷めてゆくでしょう。

その恥じらいのない終わった性格は変えられます！

実は、彼に素直になれない「メス力」の低い彼女は、なにを隠そう過去の私のことです。ある時、自分の恋愛のつまずきと真剣に向きあい、男性の恋心を冷めさせない極意として女らしさや恥じらいというものの重要性に気がついたのです。
その時から女らしさという武器を磨くため、試行錯誤を繰り返してきました。

女らしさを身につけるためには、イライラストップを習慣化するべし！

「とてもじゃないけど、柔らかでしなやかな自分になんてなれない！　だって生きてるだけでこーんなにイラつくことがあるんだよ？」。その気持ち、とってもよくわかります。たしかに、ムリヤリ「しなやかな私」を演じてもストレスがたまるだけです。

ストレスをためずに、女らしくあるためには、付け焼き刃的なふるまいではなく、自分のネガティブな気持ちをなだめるクセを身につける必要があります。

イヤなことがあっても、イライラする時があっても、帰宅してから同僚からのひとことが「イヤミだった？」と気がついてしまっても。それについて深く考えることと自体をやめるのです。「中断！　中断！　あ〜猫ちゃんの動画でも見よう」、

「はぁ、めんどくさい（笑）もう考えるのやめた！」、「あの人イラついてたな！生きづらくて大変そうね」（恨み節に持っていかない）。

イラっとして感情的になりそうと思ったら、一呼吸入れて「ちょっと待て。今、メス力低いふるまいしようとしてない？」と自分にツッコミつつ、冷静になりましょう。**ちなみにちょっとした裏技ですが、イライラを沈める時にユーモアを取り入れると、気がラクになって笑えてきます**。

「あらヤだわ。わたくしともあろうものが、こんなことで感情を乱されてしまったわ」と、高貴なお方になりきるのもアリです（笑）。

くり返すうちに、冷静さが身につき、男心も俯瞰の目で見られるようになってきます。そうなると女らしいふるまいをする余裕が出てくるので、男性から大切に扱われるようになります。そして恥じらう姿に勝手にときめかれて、ケンカすること自体がなくなります。

女らしさという、男心を惹きつける武器を、もう一度磨き上げてくださいね！

Feminine Magic

Conclusion

まとめ

◆女らしさとは恥じらいのことである

◆恥じらいとは、「ど本命クラッシャー」的な一面を「こんな姿、見せられないわ」とふわっとした柔らかさで隠すことである

◆それができるようになるには、自分のイライラをなだめる方法を、身につけること

◆ネガティブな思考になったら、深くほりさげず、ストップする

◆ユーモアを交えて、イライラを笑いに変えるのもアリ

◆男性は隠されてるものを覗きたいチラリズム精神がある。恥じらいのある女は、いつまでも覗きたい女なので、男心を惹きつけ大切に扱われるのです

Column

不倫は結婚生活の栄養剤

私が既婚者の男性とお付き合いしてる独身の女性に思うことは、ひとつ。勿体無い。

結婚相手というのは、人生のパートナーです。だからこそ、相手の一挙手一投足が目に付きます。そして細かいことで、ぶつかり合う。お互い遠慮がなくなって、口が達者になった妻に 辛辣な言葉を投げつけられて、夜の生活を断られ続けて、あるいは抱く気にもならなくて、癒しを求めてるのかもしれません。

そんな男性にとって不倫は結婚生活の栄養剤。男と女の「恋愛」という美味しいところだけ頂けるものなんです。子どものこと、家のローンのこと、家計のこと……。そういう「生活感」あるものから逃れられる癒しなんです。

たとえ、不倫相手が感情が高ぶって泣いてしまったりしても時には責めてしまったりしても、それは「アナタが好き！！！」という愛情の叫びに過ぎません。生活にくたびれた男性からしたら、その涙すらも、甘美。「あぁ、俺は男として求められてるな。 恋愛してるな～！　やっぱりいいなぁ～！」という気持ちになるの。

アナタに優しい言葉をたくさんかけて慈しむのは、将来がかかっていない関係だからこそ。

そして、彼らは恋愛しているという充実感を胸に自宅へ帰り、夫、父の顔に戻る……。アナタはその栄養剤にされているのです。それでいて、訴えられるリスクまである。

100%断言します。不倫をやめるという苦渋の決断を下した自分に、将来「いや、あれは、英断だったんだ」そう胸を張れますよ！

Feminine Magic

Chapter

4

カラダを許す相手とタイミングを見極める「メス力」

Feminine
Magic
Words
01

「ニセ本命」の見破り方

「ニセ本命」には要注意

「ど本命」と間違えやすい「ニセ本命」について書いていきます。男性からのゴリ押し恋愛で始まって「よっしゃ！　ど本命！　キタ！」と思いきや勘違いしていたというパターンです（笑）。

その1　紳士的な対応は嘘隠しの証拠

「一目惚れした！」、「どタイプなんだよね！！！」的な反応バシバシで、こっちが思わず照れるほどの熱烈アピール。なのに「付き合おう」の決めゼリフはなし。行動も紳士的で、ディナーの後は無理矢理引き留めたりせず、連絡も返信はあるけど、超マメか？　と言われるとまぁ普通。金曜は会えるけど、土日はふんわりと音信不通気味。

言うまでもなく、既婚者または他に彼女ありです。アナタがど本命候補であれば、最初に彼女がいることを告げた上で「別れてくるから、付き合って下さい」

とハッキリ言います。そして、こちらが申し訳無くなるくらいちゃっちゃと清算して再度真剣交際（プロポーズ）を申し込みます。例外はありません！

10年付き合ってる彼女がいようが同棲中だろうが、一切関係ありません。ちゃんと速やかに清算しますから!! 今は状況的に難しい。彼女がメンヘラで別れられない……そういう言い訳しませんから!!

そもそもいまの交際（既婚）を曖昧にされている時点で、お察し下さい！ 逆に自分が、10年付き合ってようが、同棲中だろうが、「ど本命彼女」じゃなければ、ど本命候補が現れた瞬間、バッサリ切られるということです。

なので、「ど本命」でもないのに男性にしがみつくのは、絶対にやめてほしいのです。交際期間の長さは、「ど本命」が放つ魅力の前には、なんの意味もなさないのです。

その2　アクセサリー扱い

その1の例と同様、反応バッチリあり。初っ端から、結婚を匂わすワードがバンバン飛び出す。超マメ。だけど、「もっと君はこうした方がいいよ」的なダメ出しもしてくる。よくよく話を聞いていると、こちらを変えようとする言動が多い。これ、結婚話が飛び出すこともあるから、紛らわしいのだけど、「ど本命」ではないのですよ。**アナタは彼にとって最高のアクセサリーなんです**。

アクセサリーとして価値を下げるようなことには、口出ししてきます（交友関係・職種・ファッションなど）。アクセサリーに人権はありません。勝手にグレードアップしようとカスタム提案してくるのだけど、人格を否定されているようで腹立たしい。

アナタが理想の女ではなく、理想の女の型に近いから、型にハメようとしてくるのです。

その3　ロマンティック肉食系男

アナタの周りにもいませんか？　しょっちゅう女を取っ替え引っ替えしている男性が。最初は猛烈パッションション、ゴリ押しなのに1〜3回抱いたら飽きます。あの情熱はどこへ消えた⁉　というくらいドライになります。

飽きるのですぐ新しいオモチャを求めます。落とすまでがゲームなんですよねー。ゲームクリアのためには、ロマンティックなワードもバンバン飛び出します。デートのシチュエーションにも凝ります。

すべてはメインディッシュをおいしくいただくための行動にすぎません。ちなみに得意技の1つに、泣き落としがあります。ピンチになると泣きます（笑）。

これらすべてにおける対処法は、浮つかないこと。これに尽きます。「うわーい♡　結婚近いかも。こんなに熱望されて嬉しい！」と、浮つかない（再）。

どんな時でも沈着冷静に。落ち着け。肝据えろ！　**「ニセ本命」には、「…あれ？」という違和感を感じる瞬間がチラホラあります。もし違和感を感じたら、その第六感を絶対に無視しないこと！**

Feminine Magic

Conclusion

まとめ

◆紳士的な対応は嘘隠しの証拠の可能性大

◆ダメ出しの多い男性はアナタをアクセサリー扱いしている

◆もし違和感を感じたら、「ニセ本命」の可能性アリ。第六感は絶対に無視しないこと！

Feminine
Magic
Words
02

カラダを許す
タイミング

「ニセ本命」の見破り方

「ニセ本命」を見破る上で、もっとも重要なことを教えます。とってもも簡単シンプルで、誰にでもできる「ニセ本命」の見破り方です。それは、**「簡単にカラダを許さないこと」**です。

よく言われるデート3回目でカラダを許す神話。これについて、私は思うのです。男性が都合よくマスコミ経由で洗脳のために流した話じゃないの？

なぜそう思うのかと言うと、男性の本音を聞いてしまったことがあるからです。

男A「遊びの女なら、3回目のデートまでで決めたいよね〜」
私「何？　3回ってのはどこから来るの？」
男B「夕飯行って、口説いてって考えるとさぁ〜、それなりにお金かかるじゃん？」
男A「3回目以上だと、割に合わないんだよね」

わ、割に合わない⁉　口説いて、ご馳走して……3回目以降まで抱けないと、割に合わないだとぉ！　女性のカラダをなんだと思ってる！　皆さま、これが男性の本音です。「ど本命」以外で口説いている女性には、この程度の気持ちしかありません。

だ！　か！　ら！　カラダ目的男は、やたら酒をすすめボディタッチ多めで、いかに、ローコストで事を済ませようとしているのか！　初回のデートで、ホテルはおろか、「今日家、行っていい？」発言。コレ、超コストカット。ホテル代すら惜しいなんて、とことんナメられてます！　女性たちよ、しっかりとした関係になるまで自宅に男性入れるべからず！　その話をリサーチしていて、私は思ったのです。

逆に、逆にですよ？　簡単にカラダを許さなければ、遊び目的やニセ本命の男たちは自ら脱落してゆくわけです。「お高くとまりやがって！」、「割にあわねぇ！」きっとそう焦り、調子のいい強引なボディタッチ、ひいては捨てゼリフまで吐いて。

どんどんボロが出ますよ。そこを、沈着冷静に見切る。だいたいなぜ、簡単にカラダを許すのか？　自信が無いからでしょ？　一刻も早く密なラブラブ関係になりたいからでしょ？　そうやって強固な関係にして繋ぎ止めておきたいからでしょう?

その自信のなさが、裏目に出てますよ! **カラダで男性の心を繋ぎとめられるなんて、大きな勘違いです。下心が愛に変わるなんて、女性の妄想です!**

「ど本命」は最初から「ど本命」。遊び目的は最後まで遊び目的。その他、ど本命未満の彼女も「ど本命」に昇格されることは一般的に厳しいのです(意外性を魅せつけられるタイプ、男を手玉に取れるタイプならアリ)。

仮にアナタが、「男は使い捨てで、こっちが遊び目的ですわ(笑)」ってタイプだった場合。どうぞ、どうぞ。自分のお尻をキッチリ拭ける方は、ご自由にどうぞ!

ただ、私が今まで見た限り、ほとんどの女性が、カラダを重ねる回数が多いと、相手がたとえ「おクズ様」だろうが執着します。自分がほんの1%でも、男性に執着しそうだと思った方は、「ど本命」と確信するまで、貞操を守りましょう。

3回がダメなら6回? いいえ、3ヶ月はしっかりじっくり様子を見ましょう。**アナタが「ど本命」なら、彼は絶対に待ちます。むしろ、その待ってる時間すら、ぜ…前…前菜というやつです(ごほん)**。

そうしてやっとカラダを許した時、相手の男性は感動すら覚えるでしょう。簡単にカラダを許さないでいると、ニセ本命・遊び目的の男たちは痺れを切らして去っていきます。

男に騙される女ではなく、感動を与える女になる。そう考えれば、自分が取るべき行動も見極める判断も女性としてのスタンスも自ずと見えてくるはずですよ。

減るもんじゃないし！　なんて言葉に惑わされない。愛のないセックスは女性の自尊心を確実に減らしますから！　自分の身体に見えない、「50％OFF SALE中！」そんな札を貼る行為はやめてください。

Feminine Magic

Conclusion

まとめ

◆相手がどんなに猛プッシュしてきても、浮つかないこと。どんな時でも冷静沈着に。落ち着いて肝を据えろ！

◆簡単にカラダを許さない。3ヶ月はじっくりと様子見を！　むしろ「ど本命」にとってはその時間も前菜になります

Feminine
Magic
Words
03

すぐに
エッチする女が
安く見られる理由

女を安売りするって一体どういうこと？

ここまでは、ニセ本命のパターンやカラダを簡単に許さないことの大切さを書きました。ここでは、私の話などを……。

１９９X年。ひぐらしが鳴くある晩夏の夕暮れでした。私は徒歩で母と二人、スーパーへ向かっていました。他愛もない母と娘の雑談をしていたのだと思います。前後の話のやりとりは、忘れてしまったのですが、母は私に言いました。「女は安売りしたらダメよ！」。

「女を安売りする」って、どういうこと？　漠然としてわからなかった、その言葉の真意。そもそも母からその手の話をされることすら、嫌悪感がありました。

しかしながら、知らず知らずのうちにその言葉は自分の心の奥に、刻まれたのだと思います。

あの夏から20年が経ち、今ならハッキリわかります。「女を安売りしない」とは、自分を愛していない男性に、カラダを許さない。男性の気をひく道具として、カラダを使わない。女性として、当たり前に大切にしなくてはいけないことなんです。

自分から叩き売りしといて、乗り逃げされたと騒ぐのは、みっともなさすぎます！　若い頃の過ちならいざ知らず、大人になったら、男性との肉体関係は自己責任です。何も肩肘張って「あ、あたくし！　結婚まで貞操を守るざんす！」と、構える必要はありません。

ちゃんと自分が彼にとって「ど本命」かを見極めて、「そのうちね♡」これくらい余裕を持っていきましょう！　舞い上がりそうになったら、この記事を三回復唱することをオススメします。

女性が簡単にカラダを許してしまうのは、自信のなさと結婚への焦り、そしてこの男性、本当は「おクズ様かも……？」と感じる第六感を都合よくスルーすることから起きています。「ど本命」の見極めに失敗したら、一体何が自分をそう焦らせてしまったのかをよく考えてみてください。

カラダを許せば彼女になれると思った？

結婚への焦り？

相手のスペックに目が眩んでしがみつくためだった？

自分が焦るポイントを分析して、今後に活かしましょう!! 失敗のすべては踏み台です!! 前向きに行きましょう!!

恋活・婚活・上手くいかない恋愛に悩んでいる方は、今一度「ど本命とはなにか？」を考えてみてください。恋愛の不安から解放される。それが、ど本命の扱われ方ですよ。その時に、カラダを許す。それくらいじっくりと構えることが大切なのです。

Feminine Magic

Conclusion

まとめ

◆自分のカラダを男性の気をひく道具として使う女性を、男性は安い女として見る

◆カラダの関係を焦らない。焦ったら絶対に恋愛は失敗する

◆いったい何に焦ってカラダを許してしまうのか？自分の弱点を分析して今後に活かす

◆「ど本命」じゃないならカラダは許さないと心に決める

望まれない妊娠というリスク

　私がここまで本気とか「ど本命」にこだわってほしいと書くのには、いくつか理由があります。その中のひとつに、「望まれない妊娠」というリスクがあります。
「子どもができた？　は？　いらないだろ」こういうことを言う可能性がある「おクズ様」とは、絶対に関わっちゃダメです。でも現実にはこういうことを言う「おクズ様」は確実に存在します。**何かあった時、身も心もボロボロになるのは女性です。**

　一方、「おクズ様」は武勇伝として語る可能性すらあります。「ど本命」以外の、間に合わせの交際相手には冷たいんです、どんな男性も。いざって時、平気で冷酷な判断を下します。男性は愛と性を完全に分けられます。これは人間性を超えた、男という生き物の性質です。

　女性は身体を重ねるとどんどん気持ちが高ぶって入れ込んでしまいます。そして「おクズ様」とわかっていても執着してしまうんです。「おクズ様」を追いかけ回して、泣いてすがってゴミの様に扱われてしまう……。よくある「おクズ様」に入れ込んだ女性の、負のスパイラルです。

　こうならないために、女性はしっかりと相手の本気を見極める必要があります。自分の身を自分でしっかりと守らなければならないのです。それに「ど本命」にはとことん愛情深いのが男性でもあります。そして遊びの女から、「ど本命」に逆転するパターンはほぼ皆無に近いのです。

　それはなぜか？　**ひどい仕打ちをしても耐える女＝安い女と勝手に烙印を押すからです。**よほどの恋愛テクニシャンの女性なら別ですが……。だから私達はプライドを持って、自分を大切にしなくてはならないのです。

　その「おクズ様」はアナタの身も心も、そして命も犠牲にしてまで付き合う価値のある相手ですか？

Feminine
Magic
Words
04

エッチで自分の
女としての
価値をはかるな！

彼からエッチを求められないと不安になるアナタへ

ちょっと辛口になるけど、ここでは恋愛中の女性として大切なことを伝えさせてください。

それは、エッチで自分の女としての価値をはかるな！　ということ。彼からエッチを求められなくて、不安になっていませんか？　付き合いたての頃のように、むさぼるように求められなくて不安になっていませんか？

彼につい好き好きアピールをして邪険にされて、女としてミジメで悔しくてイライラして帰ってしまう…そんな日々を過ごしているアナタへ書きます。

皆さま心して聞いてほしいです。「エッチしなきゃならない」と感じさせた瞬間に、男性は腰が重くなるんだよ。ブログやSNSにもいつもいつも書いているけど、男性は義務感を感じることに対して、やる気が失せます！

アナタの焦りが、伝わってしまうんだよ。

愛されたい。

求められたい。

抱かれたい。

じゃなきゃ不安でたまらない‼　この気持ちが伝わってしまっているの。

そしてね、ここから大切なことを伝えます。彼に抱かれなきゃ女として価値がない、と考えてしまっているそこのアナタ。

それは、男性の身体を使った、自分の心を慰めるためのオ〇ニーにすぎません‼


男性にとって、エッチ≠愛なんです‼

エッチで愛や自分の女としての価値をはからないでください‼　本当に無意味です‼　女性がプレッシャーをかけると、「愛してるのに抱けない状態」に男性を追い込むんです。愛が消えたからエッチできないのではなく、追うポイントが無いと男性は性欲が高まらないのです。

さぁ、ここまでご理解頂けましたか？　メス力で「男に追わせろ」としつこく言う意味。メス力でも、あらゆる恋愛指南本でも、交際中に好き好きアピールは禁止です!!

ちなみに好き好きアピールには具体的にどんな行動があるのでしょうか？　わかりやすくまとめてみました。

・常に言葉やＬＩＮＥで「好き好き」言う
・四六時中連絡が着く
・生活のすべてをホウレンソウする
・頼まれてもいないのに家事をしたり、料理を振るまう
・家族友人を率先して紹介する
・彼の予定に合わせるｅｔｃ……。

これらはすべて禁止です。好き好きアピールをやめると、「ど本命」以外はオートマティックに断捨離されます。都合が悪いオンナだからです。こんなことを書くと、恋愛中のアナタは、「好きを表現できないフラストレーション」で頭がおかしくなりそうになると思います（笑）。

そこでエッチの登場です。いつも思い通りにならない、つれない時もある彼女。何を考えているのかわからない、ミステリアスな彼女。そんな女が俺様の腕の中ではあらわな姿で悦ぶ。恥じらいつつも、大胆に乱れる。

そんな姿に男性は最高に満たされるのですよ。女性側は好きを抑えていた反動でつい情熱的になり、反応のすべてに色気を宿します♡　彼とのひとときを、心から楽しめるのです。

なので、男性のカラダを使ったオ◯ニーなど、つまらないエッチは卒業して下さいね。それには、彼に好き好きアピールするのをすっぱりとやめて、押すと引くのメリハリをつける!!　昼は淑女、夜はホニャララの法則です。

さっそく、彼以外の自分の世界を見つけましょう!!　恋愛をうまくいかせたいアナタこそ、恋愛を二の次にするんです。それが、彼を夢中状態にして、幸せにし、アナタも愛されることで満たされ、楽々メス力ができるようになる唯一の道です。

恋愛の苦しみをつきつめれば、追われていないがゆえの悲しみ。

追わせなさい

抱かせなさい
受けとめなさい

そしてまたスルリと離れて追わせなさい。

愛されている自信がつけば、自然体でできますよ♡　恋愛以外のことに目を向けて、彼がいなくても楽しめるものをたっくさん見つけて彼をプレッシャーから解放してあげよ。それがいま、彼にできる1番の思いやりよ。

Feminine Magic

Conclusion

まとめ

◆エッチで自分の女としての価値をはかるのは男性のカラダを使ったオ○ニー！

◆彼に「好き好きアピール」できないフラストレーションを、エッチにぶつけて昇華する

◆いつもつれない彼女のあらわな姿に男性も満たされ、レスとは無縁になる！

Feminine Magic

Chapter

5

復縁・片想い成就の「メス力」

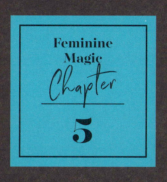

Feminine Magic Words

01

幸せになるのが1番の復讐の真意、男性目線で解説!!

良心に反することなく、あの男を見返す方法！

男性からフラれたり、ひどい扱いをされた時に復讐心がメラついたことはありませんか？　私にもわかるんです。

昔むかーし、友人がオシャレでプライド高い、自称・「竹野内豊」の男性にひどい振られ方をしたときに「あの人よりイケメンで金持ちと付き合って、オープンカーで目の前に登場してやりたい（怒）」なんて言ってて、「あーなんかわかる」と握手したもの（笑）。

でもね、アナタのことを大切にしない男性なんて、床に落ちてるゴミと一緒です。悩まずポイッとゴミ箱に捨てて、復讐心も一緒に断捨離しましょう！　余談ですが、部屋が散らかってる女性は男性の断捨離も下手な傾向があります。さっさと片付ける癖をつけましょう！

男性は、「立つ鳥、跡を濁さず」のごとく綺麗にあっさり去る女性を美化します

あんなに弄んだクセに、「やっぱりあの女が1番だった」なーんてキランキランに美化します。でも、本質は変わってないので、よりを戻してもイタイ目を見ます。

なので、あっさり去って、相手が美化した頃にバッタリ遭遇なんてした時にはアナタが「ど本命」に愛されて余裕たっぷりないい女の姿を見せつけるんです。皮肉を言う必要もありません。笑顔で丁寧に対応するのです。幸せで満たされていると、ごくナチュラルに、こういう対応になります。

しかも、もう「おクズ様」のことなんてまったく眼中にないからこそ、あの頃必死だった姿とのギャップが生まれる。でも「おクズ様」は単細胞なので、「いい女になったな……（涙目）」などと直接言ってきます。その瞬間の爽快感ったら……炭酸水一気飲み級（笑）！　そして彼の瞳はこう語ります。「逃がした魚は大きかったなぁぁあ！」

男性は狩猟本能があるハンターなので、ハントをミスった獲物が上玉だと、女性が想像する100倍ショックを受けます。そしてショックは美化となり、「俺様にすがってた惨めな芋虫」から「キラキラしてる捕まえられなかった伝説の蝶」に記憶が入れ替わるのです。

アナタが「おクズ様」のことを忘れて幸せになることが、勝手に最強の復讐になるのです。手も汚さず、良心に反することもなく。これがよく言う、「幸せになるのが1番の復讐」の真意です。さぁ、彼の瞳が後悔に満ちた時。アナタはなにひとつ動揺せず、「気がつくのが1億年おっそいわ!」と心の中で笑っておけばいいのです。

「おクズ様」なんてさっさと断捨離して、「メス力」をこつこつ高めて、「ど本命」と幸せになりましょう! 今この瞬間からやるべし!

Feminine Magic

Conclusion

まとめ

◆アナタのことを大切にしない男性なんて、床に落ちてるゴミと一緒

◆男性は、綺麗にあっさり去る女性を美化する

◆振った女が幸せで輝いている姿を見ると、男性は女性が想像する100倍ショックを受ける

◆彼のことを忘れて幸せになることが、最強の復讐になる

Column

彼をどうしても諦められないアナタへ　唯一の復縁方法

彼氏と復縁したい皆さまへ♡

男性が別れを切り出すって、「もうこの子が他の男に抱かれてもどうでもいいや」そこまで冷めたキモチってことなの。ナワバリ意識の強い男性が別れようって言うって、そういうことなのよ‼　すがりついて復縁したところで、すぐまた振られるか、せいぜいセフレ堕ちです‼

「メリさん！　それでもどうしても、もう一度チャンスが欲しいんです（涙）」

そんなアナタのために、唯一の復縁方法を書いていきますよ！

☑こちらから絶対連絡しない

☑未練たらしい発言をしない

☑別れようと言われたら笑顔でサヨナラする

☑今まで楽しかったよ。ありがとうの言葉でブロック

☑徹底的にオンナ磨きをする

☑新しい交友関係を広げて視野を広げる

要は、「うわ〜！　逃した魚はデカかった！」って、後悔させるしか道はないのですよ！　未練タラタラのところに、相手から連絡がきても、あわよくばエッチしたいだけよ？　復縁のワンチャンを期待して勝負下着に着替えて、タクシー飛ばして駆けつけてしまわないように、最初からブロックしておきましょう。

偶然会ったら爽やかに笑顔で、手短に会話してバイバイすればいいの。

見違えた姿の余韻が彼をもう一度恋に落とすかもしれません。「やっぱりアイツがいい」と本気で思えば、どんな手段を使ってでも、必ず探し出してきますからね！

その時に自分の知っていた交友関係以外でも楽しく生きてるアナタを見て、トチ狂ったように、嫉妬心を抱くでしょう。あの頃のまんまのマンネリなアナタじゃ、彼をまた恋には落とせないのよ。ヒロインらしく、真新しく生まれ変わんなさいな！　ま、その頃には、もはやその彼は、アナタにはふさわしくないわよ。デッカいデッカい魚になって後悔させてやんなさい！

Feminine
Magic
Words
02

彼から別れを切りだされたアナタへ

その未練、本当は執着ではありませんか？

男性は基本、別れ話を自分から切りだしません。

面倒くさいことが何より嫌いなので、女性から振ってくれるように仕向けます。または自然消滅を狙います。急いで別れる必要がない場合、心の中でセフレに格下げしキープしようとしたり、ヒマ潰し要員として都合の良い時だけ連絡してくるような輩もいます。

では、わざわざ男性が別れを切り出す時はどんなときなのか。**それは「ど本命」と巡りあってしまった時です。**その人に「ちゃんと身辺整理したよ」と誠意を見せたくなった時です。

いろんな面を踏まえて、面倒なことが嫌いで、妥協でズルズル付き合うこともできる男性から、わざわざ別れ話を切り出されたら……。

心を鬼にして、はっきり言います。復縁の可能性は、ほぼゼロです。

でも、まだ好きなアナタは彼からの別れを簡単には受けいれられないよね。中には、心の奥で密かに、「自分からフってやりたい」という復讐心が芽ばえる人もいると思います。今の時代、ＳＮＳを使って彼に対して復讐をしようとする人もいるかもしれません。

でも待って。こうなってくると、もうアナタの気持ちも「好き」じゃないよね。執着でしかないと思います。

もうね、こんなことを考えているのは時間の無駄です！　特にアラサー以上の女性たちよ！　**結婚適齢期のアナタに、プロポーズの言葉じゃなく、別れを告げる男に、執着している場合でしょうか？**

執着が腐って何年も心の中でくすぶり続けてドロドロになる前に、さっさと捨ててておしまい！

だってアナタはまだ試合終了してない。アラサーになると、女性は当たり前に結婚を強く意識します。何も恥じることではありません。一生手を取りあって支えあえる人を求めて、なにが悪いのでしょうか？　そんな気持ちが高まっている時に、恋人から別れを告げられても当たり前に受け止められないよね。

これが最後の恋って、覚悟決めてたんだもんね。ラブラブな時期の彼の言葉を何度も何度も思い返して「あのキモチが、そう簡単に変わるわけない！」って、現実逃避してしまうよね。

でもね、アナタは本当はもうわかってる。信じたい気持ちの半面、もうダメなんだろうな……って予感もチラチラあるはずなの。悲しいかな、その予感の方が常に正解なのよ。

結婚までたどり着かなかった自分。
結婚して幸せ（そう）な周囲。

私の何がダメなの？
みんなと何が違うの？

苦しいよね。ミジメになるよね。1人になると胸がつぶれそうになるよね。
でもね、まだ大丈夫なの。**アナタの人生、なんにも終わってないの。すごく単純に、その男性とはそこまでの縁がなかったんだよ。**

これをきっかけに、女性としてのあり方を見つめ直してみましょうよ。

男性から熱望されて、望まれて付き合う女に生まれ変わるって、心に決めるのよ！

「この失敗から学んでやる！」私もみんなも、そうやって何度も立ち上がってきたのだから。**大丈夫。失恋の痛手は、時間が必ず解決します。その男性のことは諦めても、幸せを諦めなくていいの。**

両手を広げて、アナタをぎゅっと受けとめてくれる、「ど本命」と幸せになってほしい。これが、神崎メリの切なる願い。「いやー！　神崎メリのアドバイス、マジで辛口で死んだけど、いまは幸せだし。なんか懐かしいなぁ（笑）」そう、いつかアナタが笑って言ってくれますように。

Feminine Magic

Conclusion

まとめ

◆男性側から別れを切り出された時の復縁可能性は、ほぼゼロ

◆単純に縁がなかっただけ。悪いのはアナタではない

◆幸せになれば失恋は通過点。彼のことは諦めても、幸せを諦める必要はない！

Feminine
Magic
Words
03

メス力的片想い成就法

頼られるとドキッとする男心を逆手にとれ！

片想いをしているアナタへ。たとえ相手がアナタに恋愛感情を持っていないことがはっきりわかっている場合でも、アナタから告白する必要はありません！相手が恋愛感情を持っていないときって、逆にチャンスだよ！

女として全然意識していなかった女性のギャップにキュンとしたら、一気に惚れるんです、男性は！

こういう時こそ、女のあの武器を使いましょう。あの武器とは、〝相談女〟になること。相談があるから～って呼び出して、居酒屋でご飯食べつつお酒飲んで、なんとなく肩にこてんって、頭のせてみたりするの（笑）。

「聞いてくれてありがとー　落ち着いたー」なんてポワポワな赤い顔して言うの。これだけで男性は「ドッキーーン！」よ。今までまったく女として意識してなかった分、効果てきめんなのよ。

でも、そこからしつこくしたり、交際を迫ってはダメです。「○○君が彼氏だったならなぁ」とかはアリ（笑）。むしろイケイケ。

いきなり告白しても、相手の中にスイッチが入っていなければ、振られるかセフレコースが大半よ。男性は冷静にメリット・デメリットを考えたりしちゃうから。ちゃーんと、「こいつも女なんだよなぁ」っていう気持ちのスイッチをまず押すの。

当たり前だけど、付き合うまでカラダの関係結んだりしちゃダメよ？

落としたい男性がいたら自分の中のあざといスイッチを入れまくる！　それでいて、ＬＩＮＥはシンプルな返信をしたりして、感情を読ませないとかね。押す時は押して、しっかりと引くことで「俺のことどう思ってるのかな？」、「また会って確かめたいな」って妄想させてあげるんです。会えない時間が愛や恋を育てるっていうアレよ。

あざとさっていうのは、本命男にこそ惜しみなく出すものです

早い話、あざとさを利用して惚れさせるんですよ！ ここで変にプライドを持ったり、いちいち照れているようでは、**永遠に「自分が好きな人と付き合えない女」からは脱出できません！**

女性から見て、「なんであの子がモテるの？」って言われる不思議な子っているよね。彼女たちは、当たり前にコレができてます。

皆さん。人生一度きりです。二番目に好きな人より、一番目に好きな人と相思相愛を目指しませんか？　20年後、「お互い独身の時にアタックするべきだった！」って後悔したい？「今の旦那で良かったんだ……」って自分を無理矢理納得させて生きたい？　あざとさ上等で、女の武器をフル装備すればいい。私はそう思います。その方が、もしダメならダメでもスッキリ他の恋に向き合えるしね！　最後にひとつ。この方法は効果てきめんすぎるので、人の彼に使ってはダメ。約束ですよ。

Feminine Magic

Conclusion

まとめ

◆相手が自分に恋愛感情を持っていない時こそ、ギャップで男性を恋に落とすチャンス

◆頼られて感謝されると、男性は単純に恋に落ちてしまいやすい。〝相談女〟になるべし！

◆あざとさは、「ど本命男」にこそ惜しみなく出す

Feminine Magic

Chapter

6

婚活の心得

「メス力」

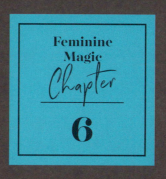

Feminine
Magic
Words
01

エリートのとなりで微笑む4パターンの妻たち

エリートが選ぶ女性にもパターンがあった！

どうせ婚活するのなら、エリートの妻の座に収まりたい。玉の輿を夢見たい！　そんな風に思う女性がいるのは、自然なことです（男性が若くてきれいな女性を求めるように）。

基本的にエリート男性というのは、会社の同僚や大学時代の彼女と結婚しているパターンがほとんどです。優秀で、安定した人格の男性は、学生時代から結婚を視野に入れて行動している、もともとの「メス力」の高い女性にがっちりと掴まっているものです（大学選びすら、結婚を視野に入れて選んでいる人もいます）。

ここでは、同僚や大学時代の彼女以外と結婚したエリートのパターンを、婚活サイトを実際に運営されている方の貴重なご意見と、私の身の周りにいるエリートを観察していて見つけだした、「エリートの妻の4パターン」について説明していきたいと思います。アナタに当てはまる項目はありますか？　なければ婚活の武器として、磨いてみるチャンスかもしれません。

1 エリート男性が落ち着いたのは、若くて美しいピュアな妻

一流大卒。自身で会社を起業し、かなりの社会的成功を収めた男性。超有名女優や超有名モデルと真剣交際。のちに結婚相手として選んだのは、無名の女子大生（超超容姿端麗）。常に付き人や取り巻きに囲まれる、超エリートならではの「俺に集まってくる人間はどうせ全員お金目的」という悩みを吹きとばす、「すごーい！　初めて食べたぁ♡」などと、どんなことにも素直に感動するピュアさに心が洗われて、男心がズキュン！　さっくり結婚。

2 根っこが小心者な成功者がよりどころにする、度胸のある妻

学歴問わずその分野の第一人者（億プレイヤー）の横に、ドスンと肝っ玉の据わった妻あり。「きっと時代が違えばレディースの総長だろうな……」と思うような勝気な雰囲気を身にまとっていて、夫は尻に敷かれている。「あの奥さんのどこがいいの？　もっと優しい人いそうなのにね」と周りは首をかしげる。

が、男性は成功を収めたその裏で、実は失敗に怯えている小心者。そこで「アンタ、ビビってどうすんの？　私が選んだ男なんだからシャンとしな！」と背中をドンと押してくれる妻を、絶対的な支えとすることで精神状態を保っている。常に自信満々な妻の姿に「俺もあんなふうに自信を持てたら……」と崇めている。

3すべてが打算なエリートの選ぶ、後ろ盾のある妻

「俺はただ成功するだけじゃなく、政財界でも影響力のある男になってやるぞ」。ここまで上昇志向の強いエリートが選ぶのは、超絶ハイスペな女性。

女優、モデル、アナウンサーとも遊びつくして、最後に選ぶのは影響力絶大な政財界の重鎮の娘。妻の出自をチラリと話そうものなら、勝手に相手が（この人を絶対むげに扱うことはできないぞ……）と対応をガラリと変え、妻の印籠効果はバツグン。事実、妻側のコネクションをフルに活用して、どんどん高みに昇りつめていく。①の男性とは違って、女性に癒やしなど求めてはなく、恐ろしいほどに計算高くしたたかなのが特徴。

4 大企業に勤めるエリートの求める、稼ぐ妻

一流大卒、誰もが知る大企業に就職。婚活市場で一番人気の彼らが妻に求めるものは、ダブルインカム（共働き）。我が子には自分と同等レベルの学歴をつけてあげたいと考え、生涯年収、子どもの教育費、住宅ローン、老後の資金など、これからの日本の社会情勢をすべてふまえた上で、専業主婦はコスパが悪いとシビアに判断。

これらの現実を無視した専業主婦希望の婚活女性に「そこまで俺は甲斐性ないよ……」と劣等感を刺激され、嫌悪感すら感じてしまう（同級生に成功者がいるエリートならではの、コンプレックス）。

「若さと美貌」、「度胸」、「後ろ盾」、「稼ぐ力」、この４つのうちどれを磨く？

さて、ここまで読んだ方で若さと美貌・度胸・政財界レベルの後ろ盾を持った方は、そうそういらっしゃらないと思います。特に自称美女さん、アナタのご自慢の美貌が、超エリートに見初められるレベルならば、すでに芸能事務所にスカウトされ、見た目をウリにするお仕事でそれなりに成功していることと思います。

いかがでしょうか？（女優さんのキレイと、私たち一般女性のキレイは、レベルがまったく違います。ここ、絶対にカンチガイしてはいけません！）

しかも超エリートは美女なれしているので、美女だからといって別に大切にはしません。**セレブ女性がバーキンをたくさん持っているように、当たり前に美女の中から選ぶだけです**。美女だからといって、大切にしてくれる「ど本命」と結婚して幸せをつかめるかは、別問題なのです。

度胸については、学生時代から統率力のあるリーダータイプで、一目置かれるタイプでしたか？　バイタリティ溢れるこの手のタイプの女性は、とっくに起業していたりします。

後ろ盾については、ほとんどの方がかすりもしないはずです。もし持っている方がいる場合は、アナタの後ろ盾目的で寄ってくる「おクズ様」を見極める「メス力」を養ってください。利用される結婚なんてしてはいけません！

そして、若さと美貌・度胸・後ろ盾のどれも持っていないアナタは、稼ぐことを武器にしましょう！

女性も稼いだ方が、冷静かつ有利に婚活に挑めます！

婚活の場でも知り合うことのある、4タイプのエリート男性。共働き希望と聞いて、「エリートのくせにケチくさい！」と条件だけでハジいていませんか？ その男性の中に「ど本命婚」候補がいたかもしれませんよ⁉

「早く結婚したい！ もちろん専業希望で！」、「いまの仕事を辞めたいから、とにかく収入メインで婚活しよう！」などと、お金に照準をあわせて婚活すると、**一刻も早く経済的にラクしたいという焦りの気持ちから、「ど本命」を無視してしまうことになり、高い確率でアナタを大切にしない、「おクズ様」をつかまえてしまいます**。

お金さえあれば好きでもない相手でもなんとかなるなんて、幻想です！ 結婚とは現実です。それは経済的なことだけではなく、365日一緒に過ごす、生身のオスとの生活（性生活）のことも含みます。好きじゃない男性との生活は、セクハラ親父と生活するくらいキッツイものなんです！（そんな相手の親から嫁いびりされた時には、殺意が湧きますよ〜！）

婚活を「ど本命」に巡りあう場として活用するべし！

婚活でも「ど本命」を第一に男性を選んでください。結婚生活で感じる幸福感とは、ハイクラスなものに囲まれることではなく、好きな人とささいなことで笑いあって、いたわりあい、世知辛い人生を、ともに乗りきっていくところに芽生えるからです。

あ、共働きなんてしたら家事も育児もワンオペになって、自分ばかり負担を背負うのが怖いですか？「ど本命婚」で「メス力」を実行さえしていれば大丈夫です。

夫はアナタを幸せにし、ラクをさせることに力を惜しみませんから、家事も育児もアナタ一人が背負うなんてことにはなりませんし、仕事に打ち込むエネルギーを、温かな家庭の中でチャージできて、結果として、いいサイクルになるだけなのです。

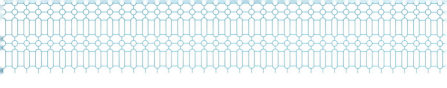

Feminine Magic

Conclusion

まとめ

◆若さと美貌、度胸、後ろ盾のどれも持たない私たちの婚活での武器は、経済力だと受け止めること

◆女性が経済力を身に付けることで、焦りの気持ちにブレーキをかけ、「ど本命婚」を妥協しない、パートナー選びをすることができる

◆経済力にプラスして、本書を読んで「メス力」を身に付ければ鬼に金棒！

Feminine
Magic
Words
02

結婚への焦りを隠すのがプロポーズへの近道

基本、男性は結婚に腰が重いイキモノ

30歳を過ぎると、今まで以上に結婚を強く意識するようになってきますよね。それに比べて男性は30歳を過ぎても女性ほど強く結婚を意識していなかったりします。**結婚って女性が思う以上に、男性にとっては一生の責任を覚悟する重〜いもの。**それだけに、なかなか踏ん切りつかなかったり腰が重かったりするんです。

その重〜い腰をいかに軽くするのかが、「メス力」だと思うのです。この本を読んでくださる方の中にも、お互いにいい年齢でそれなりに付き合っているのに結婚をしてくれない彼に不満と不安を持っている人、きっといますよね。

「結婚する気がないなら別れようよ」。そんなふうにはっきり言えれば一番いいのですが、彼を失うのが怖くて、それができない女性はたくさんいます。でもね、ハッキリしない彼にすがって繋ぎとめている間にも、アナタは自分の時間を失ってるんですよ！

恋愛中の皆さんへ。自分を「レア品」だと彼に夢見させてますか？

「彼に結婚して欲しい！　彼に選んで欲しい！　見て！　私ってこんなに家庭的で尽くす女よ♡　だから早くプロポーズしてぇぇぇ！」。このようなスタンスでいると、「結婚してあげる俺様」と相手をつけ上がらせ、結婚できたとしても苦労しますよ。

「結婚？　私と？　気が向いたらしてあげる♡」。これぐらい余裕を持ってください。すべてにおいて、ちょっぴり勿体つける余裕を持ってください。

男性の本気度を見極める前に、すぐ付き合って、彼女の座をキープしなきゃしなきゃと、すぐに合体。しなきゃ彼の気持ちが冷めるかも！　ＬＩＮＥすぐ返して長文で丁寧に返信しなきゃ、彼の気持ちが！

そうなってしまっているアナタ。

前のめりすぎるのよ!!

落ち着け!!

引け!!

そのほうがすべてにおいて、女性側に優位かつスムーズに進みます。自分を押し売りせず頭を使って、レア品と勘違いさせてくださいね♡　**男性はレア品や「特別感」がある物をゲットせずにはいられない、その心理を逆手に取るのですよ。**

媚びたり、ウジウジしてるうちはなかなか結婚にはたどり着けません！　彼に「俺は他の女とは違う、特別な人を彼女にしてるんだ！　早いとこ結婚しておこ！」と思わせるために焦りを隠し、レア感を出すことで彼に夢を見させてプロポーズを早めてくださいね。

Feminine Magic

Conclusion

まとめ

◆結婚は女性が思っている以上に男性にとっては人生の一大事である（大きな責任を背負うから！）

◆チャンスがきても前のめりにならず、頭を使って自分の価値を高める（余裕と焦らし）

◆媚びたりウジウジしているうちは、絶対に男を幸せにできない。堂々とすることでアナタをレア品だと勘違いさせてプロポーズをさせるべし！

Column

グチで繋がる友情が、アナタを恋愛地獄に沈めるワケ！

皆さまがこれから幸せを掴むうえで、大切なことを言います。**女友達に、彼のグチをこぼすのを一切やめてください。**

私たち女性は、「わかる～！」な共感トークでスッキリします。しかしです、ここには大きな落とし穴があったのです。例えば、お互いの彼のグチ大会の流れで「彼氏のスマホ、チラッと見たら元カノの写真消してなかったぽいんだよね～！」とグチをこぼしたとします。女友達はきっとこう返してきます。「は？ありえないね。メリ子のこと、大切に思ってたら消すと思うよ」など。よってたかって彼氏の悪口を言われるうちに、アナタは自分が大切にされていないのかと不安に陥り、また友達から「大切にされてないよ」と言われたことが悔しくもあり、帰りの電車の中でどんどんネガティブ感情を膨らませてしまうことでしょう。

そして彼に突然の「ど本命クラッシャー」LINEを送っちゃうのです。グチをこぼしてしまった結果、自分の中で消化できたであろうことですら、共感トークでネガティブな感情を膨らませることとなり、大きなケンカの火種にしてしまいます。

グチ禁止には、彼のいいところに気がつきやすくなる効果もあります。事実、「女友達へのグチを禁止します」と私のブログで警告をしてから「彼のグチを友達に言うのをやめたら、不安の爆発がなくなって自分で解消できるようになりました！」などの反響が続々と届いています。

幸せを掴むうえで必要なことは、自分のアタマで男心を想像し、シチュエーションに合った「メス力」対応をすることです。彼のグチをこぼすということは、アナタの不幸ありきの友人関係を作りやすいと知っておいてください。

Feminine Magic Words

03

マッチングアプリから始まる恋

マッチングアプリで男性に会う時、警戒心は必需品

アプリで男性と会う時に、まずは頭に入れておいて間違いがないのは、私たち女性は真剣な出会いを求めているのに対し、**男性側は「手軽に女と出会えてエッチできるかも！」というフラチな目的の人が多いということです**。これぱっかりは普通に恋愛していても、カラダ目的の男性と出会ってしまうように、もう女性として生まれたゆえのサダメ……（げんなり）。こちら側が冷静さを失わずに、相手に「おクズ様」な雰囲気を察したら、どんどん断捨離していくしかありません。

私の周りにも婚活アプリで結婚した人もいれば、痛い目にあった人もいます。デートの時の「メス力」的なふるまいや、一線を越えるタイミング、「おクズ様」の見極めポイントなどについては、他のChapterを参考にしていただくとして、今回は、アプリでの出会いで警戒すべきポイントについて解説していきます。

独身のフリをする既婚男よ、いい加減にしろ！

一番多いのは、既婚男性に騙されるパターン。時間をムダにした上に、「結婚したとしても、しょせん男なんてこんなものか……」と男性不信をつのらせ、心の傷を増やす結果となり、しかも相手の奥様から訴えられる可能性まであって、マイナスしかありません。

既婚男性を見分けるポイントはいくつかありますが、**まずは、相手が独身だと確信できるまで、深入りしないでください**。

既婚男性チェックリスト

- 特定の曜日に音信不通・音信不通気味になる（土日が休みの男性は週末、会えません。また平日休みの男性は、特定の曜日に音信不通になります）。
- 自称実家暮らし（家に呼べない設定の男性は怪しい）。
- SNSはやらない主義（アプリはやるのに？）。
- 「友達の子どもが」、「うちの姪っ子が」子どもネタが出る（自分の子どものこと!?）。

・アウトドア派でもないのに、ファミリーカーに乗っている。
・待ち合わせでよく使われる場所などに行きたがらない。
・甘いセリフを照れずに言うわりに、付き合おうの決め手はない（これプラスほかの項目が重なると、既婚者率爆あがりです！）。
・女性の話をじっくりと聞いてあげる、妙な余裕がある（焦りが見えない）。
・左手薬指に指輪の日焼けの跡がある（財布から小銭を出す瞬間、小銭入れの中に指輪がないか横目でチェックを！）。
・スマホの画面をチラ見すると、「見てね」等の子持ち御用達アプリが入ってる。そしてあわてて画面を隠す。
・三連休、GW、お盆休み、クリスマス、年末年始はいつも「仕事が忙しいんだ」で会えない。

「結婚してないよね？」この一言、ビビらずに聞くべし！

既婚男性の一番厄介なパターンは、**アナタが自分に落ちた時を見計らって、既**

婚であることを告白してきた時です。アナタがそれを泣く泣くでも了承しちゃえば、儲けもん！　アナタの好意を逆手にとって、「夜22時以降は連絡しないで」など、自分勝手な都合を押しつけることができるからです。しかし、相手が既婚者だと知った上でカラダの関係（継続）になってしまえば、相手の奥様から慰謝料を請求されてしまうこともあります。

これを防ぐために、アプリで出会った男性には、「え〜！　逆になんで今まで独身だったんですか？」、「念のためお聞きしますけど、独身ですよね？（笑）」のようなメッセージなどで、必ず独身であるかを確認し、相手の返信をスクショしておくことをクセづけてください（裁判等で証拠になります！）。

結婚詐欺男は同情心に訴えてくる！

次に多いのが結婚詐欺男、筋金入りの「おクズ様」です。**結婚詐欺男からしたら、マッチングアプリなどは万札ぎっしりの金庫！**

結婚に焦る女性をかぎ分け、言葉巧みに女心を手玉にとり、あの手この手でお金を引き出そうとします。**真面目で優しい女性ほど引っかかりやすいので、要注意！**

結婚詐欺男チェックリスト

・第一印象、イケメンではないけど、笑顔が好印象！
・アナタの話を真剣に聞いてくれる。否定しない。
・「大変だったね」、「ツラかっただろ？」などのいたわりの言葉をかけてくれる。
・自分の真面目さ、仲間思いエピソードを話してきて、誠実だと印象づけようとしてくる。
・経営者または大きな夢があり、熱く語ってくる。
・エスコート上手（そつがなく、妙に女性慣れしている）。
・羽振りがいい（この人と結婚したら、お金の苦労しなさそうと惚れさせたい）。
・難病告白、家族の病気や幼少期の壮絶なトラウマ話など、早い段階で打ち明けてくる（男性に弱さを出されると、女性は母性本能をくすぐられて放っておけないと思い込みやすい）。

・会社で不渡りが出た、家族の病気の治療費が……「これさえ乗り越えたら結婚できるのに。自分が情けない！」などと男泣き。「私がなんとかするよ」の言葉を引き出そうとする。

まずはアナタを自分に惚れさせてハマらせるために、理想の彼氏そのもののふるまいをしてきます。好印象なのは、100％アナタをお金だと思っているからです！　ある意味、ホスト的な営業活動だと割り切っているのです。

男性に騙されないコツは、会話で感じる違和感を無視しないこと！

詐欺師タイプと話していると、会話のスケールが大きくて違和感を感じることがあります。冷静に聞いていれば「ん？　そんなにお金持ちなのに、帰りは地下鉄なの？」、「ん？　こないだ聞いた家族構成と、微妙に変わってない？」、「あれ？25歳の時はサンフランシスコで働いていたんじゃないの？」など矛盾点が出てきます。ところが、優しさ・笑顔・羽振りのよさでついつい「この人と結婚できたら幸せそうだし……」と結婚に目がくらんで、違和感を感じなかったことにして無視をしてしまうのです(もちろん相手はそれを狙って好感度を上げています)。

お金の無心にはスーパーシビアになるべし！

アプリで出会った男性がお金を貸して欲しそうな雰囲気を醸し出してきたら、たとえそれが1万円でも「あ、私カモにされてる！」と我に返ってください。それは結婚詐欺地獄の序章にすぎないからです。1万円は5万円になり、30万円となり、アナタが警察に駆け込まず、泣き寝入りするギリギリの金額を攻めてきます。

そもそも男性は「ど本命」にお金の無心はしません！「メス力」的な意味でも、お金の無心に対してスーパーシビアであれば、結婚詐欺男やヒモ希望の「おクズ様」に騙されるようなことはありません。

マッチングアプリで「ど本命婚」を掴んだ女性がしていたこと

ここまで注意点を書いてきましたが、マッチングアプリで「ど本命婚」を掴んだ女性も実際にいます。彼女たちが気をつけていたことをまとめました。

アプリでど本命婚をした女性たちの心がけ

・アプリ内ですぐ連絡先を聞いてくる男性は、遊び目的のケースが多いのでスルー。
・気が合わない男性が来てもしょうがないと覚悟してアポに挑む（期待しすぎない）。
・初対面で気になること（既婚・バツあり・職業・年齢）は遠慮せず聞いておくことを徹底する。
・相手のスペックよりも、話していて安心感がある、楽しいなどのフィーリングを重視する。

・できるだけ自然体で楽しむ（警戒心は持ちつつも）。
・アポがうまくいかなくても（露骨なカラダ目的・会話が弾まない・ドタキャン・失礼な言動等）必要以上に凹んだりしないで気持ちを切り替える。
・相手が経済的に余裕のある男性でも、ご馳走されたことを当然とは思わずに心から感謝する。
・2回目以降のデートでは好意があることを態度に表すけれど、告白は男性からしてもらって、主導権を握らない。
・カラダの関係を結ぶまで時間をかけて焦らない。

どれもこれも基本的な「メス力」でした（実際私のブログを読んで、デートでのふるまい方を参考にしてくださっていたそうです）。彼女たちの話を聞いていて感じたのですが、**結局アプリはキッカケにすぎず、始まってしまえば普通の恋愛と同じだということ**。

マッチングアプリでのアポ、すなわちデートで心がけるポイントは、普通の恋愛と変わらないという事です。

アプリから「ど本命婚」に繋がるケースが多い理由

アプリから「ど本命婚」を掴んだケースを分析しているうちに、アプリでの出会いは、意外と「メス力」の理にかなっていることもわかってきました。

最初に聞きづらいことをはっきりと聞いておき、自分もしっかりと伝えておくことで、自然と遊び目的の「おクズ様」は「この女、めんどくさい」と感じてオートマティックに断捨離されていきます。

相手の人間性を見極めようと目を凝らし、焦らずにカラダの関係になることで男性の狩猟本能に火を付けやすく、同時に「おクズ様」は「今すぐエッチできない女には用はない」とオートマティックに断捨離されていくのです。

出会いに恵まれなかったり、先の見えない恋愛に行き詰まっている方は、この内容を参考にアプリでの出会いに挑戦してみるのもありかもしれません！

Feminine Magic

Conclusion

まとめ

◆既婚者かもしれない。詐欺師かもしれない。そう警戒しておくことがまずは大切

◆スペックや甘い言葉に惑わされず、相手の人間性やフィーリングを重視して！

◆聞きづらい内容こそ最初にしっかりと確認しておくことが重要！

◆アポでやるべき「メス力」は普通の恋愛と同じ。むしろ「メス力」の理にかなっているからこそ「おクズ様」を断捨離できて、「ど本命」と巡りあいやすくなるかもしれません！

Feminine Magic

Afterword
おわりに

ここまで読み進めてきて、「メス力」をどう感じましたか？

あれやこれや、やることが多そうに感じてしまっているなら、最後に整理しておきますね。

「メス力」をすご〜く簡単に言うと、頼り上手で感謝上手な女性がみんなもっている力のことです。

「メス力」を使うと、アナタは自分の希望を叶えてもらえて「私って大切にされてるなぁ〜」と嬉しくなり、彼は「俺様、頼りにされてる！」と男らしい気分になり、アナタから感謝されることでさらに愛情が湧いてきます。

男性と女性の両方が満たされて幸せになる方法って、本当はこんなにシンプルなことなのです。

だけど、私たちには「尽くす女が愛される」、「自分を犠牲にする女が大切にされる」という間違った価値観が染み付いてしまっていて、真実のシンプルさに気がついていません。

その間違った価値観からくるふるまいについて、本書でひとつひとつ「そのやり方は逆効果ですよ」、「こちらが愛されるやり方ですよ」と「メス力」として説明してきました。読み進めるうちに、思いがけなかった自分の恋愛での弱点が見えてきたと思います。まずは難しく考えずにそこを「メス力」でカバーすることから始めてみてください！

最後の「メス力」は諦めないこと！

アナタは、どんな気持ちで毎日を過ごしていますか？

好きな人に裏切られ、「もう一度だけ」と信じてまた傷ついて。別れの苦しみに何年もとらわれて。先の見えない関係に身も心も疲れ果てている。

時々不安と孤独感に襲われて、真夜中のベッドの中で涙が止まらなくなる……。


苦しい。けれどやっぱり、愛を信じたい。

この地球上でたった1人の運命の人と信頼しあって一緒に歳を重ねたい！

そんな気持ちが心の奥底にあるのなら、私も一緒です。


私は離婚した時、空っぽの古いマンションに猫2匹と立ち尽くしながら、「また全部一からやり直し……。でも絶対に幸せを諦めない！」と決意しました。


何よりも大切なのは諦めないことです。

なのでアナタが諦めずに「メス力」を身に付ければ、幸せはきっと叶えられます。

今までアナタの恋愛がうまくいかなかったのは、「メス力」という魔法を知らなかっただけなのですから！

どうかつらい恋愛地獄とも、終わりの見えない婚活疲れともサヨナラし、最後の恋をその手で掴み、愛情溢れる最高の結婚を「メス力」によって叶えてください！


そして最後に。ブログやSNSを通じて、私を応援してくださっている読者様。

アナタの応援によって私の昔からの夢だった「メス力」の書籍化を叶えられました。

アナタの応援が私をここまで連れてきてくれたのです。

本当に心からありがとうございます。アナタにまた恩返しができるよう、「メス力」を発信し続けます！


女の人生、メス力の道。

ぜひこれからもご一緒させていただければと思います！

神崎メリ

Feminine Magic for a Happy Marriage

神崎メリ（かんざき　めり）
恋愛コラムニスト。自身の離婚・再婚・出産という経験から「男心に寄り添い、しかし媚びずに、女性として凛として生きる力」を「メス力」と名づけ、それこそが幸せの第一歩だと提唱している。「メス力」に基づいた恋愛論や恋愛観を語る公式ブログ（https://lineblog.me/tokyo_nadeshiko）のＰＶ数は月間150万ＰＶ以上を誇り、Instagram（@ meri_tn）のフォロワー数も10万人を超えている。

「恋愛地獄《れんあいじごく》」、「婚活疲《こんかつづか》れ」とはもうサヨナラ！
"最後《さいご》の恋《こい》"を"最高《さいこう》の結婚《けっこん》"にする
魔法《まほう》の「メス力《りょく》」

2019年2月28日　初版発行
2019年3月20日　3版発行

著者　神崎《かんざき》メリ

発行者／川金正法

発行／株式会社KADOKAWA
〒102-8177　東京都千代田区富士見2-13-3
電話0570-002-301（ナビダイヤル）

印刷所／凸版印刷株式会社

ISBN 978-4-04-604129-6 C0095

Cover photo: Aflo